GUIA PRÁTICO
SOBRE CONCURSOS DE PESSOAL
NA FUNÇÃO PÚBLICA

Aplicável às Administrações Central, Regional
(Açores e Madeira) e Local

FRANCISCO PIMENTEL
Licenciado em Direito
Universidade Católica Portuguesa
Inspector Assessor Principal
Inspecção Administrativa Regional dos Açores

GUIA PRÁTICO SOBRE CONCURSOS DE PESSOAL NA FUNÇÃO PÚBLICA

Aplicável às Administrações Central, Regional
(Açores e Madeira) e Local

(REIMPRESSÃO)

ALMEDINA

TÍTULO:	GUIA PRÁTICO SOBRE CONCURSOS DE PESSOAL NA FUNÇÃO PÚBLICA APLICÁVEL ÀS ADMINISTRAÇÕES CENTRAL, REGIONAL (AÇORES E MADEIRA) E LOCAL
AUTOR:	FRANCISCO PIMENTEL
EDITOR:	LIVRARIA ALMEDINA – COIMBRA www.almedina.net
LIVRARIAS:	LIVRARIA ALMEDINA ARCO DE ALMEDINA, 15 TELEF. 239851900 FAX 239851901 3004-509 COIMBRA – PORTUGAL livraria@almedina.net LIVRARIA ALMEDINA – PORTO R. DE CEUTA, 79 TELEF. 222059773 FAX 222039497 4050-191 PORTO – PORTUGAL porto@almedina.net EDIÇÕES GLOBO, LDA. R. S. FILIPE NERY, 37-A (AO RATO) TELEF. 213857619 FAX 213844661 1250-225 LISBOA – PORTUGAL globo@almedina.net LIVRARIA ALMEDINA ATRIUM SALDANHA LOJAS 71 A 74 PRAÇA DUQUE DE SALDANHA, 1 TELEF. 213712690 1050-094 LISBOA atrium@almedina.net LIVRARIA ALMEDINA – BRAGA CAMPUS DE GUALTAR, UNIVERSIDADE DO MINHO, 4700-320 BRAGA TELEF. 253678822 braga@almedina.net
EXECUÇÃO GRÁFICA:	G.C. – GRÁFICA DE COIMBRA, LDA. PALHEIRA – ASSAFARGE 3001-453 COIMBRA E-mail: producao@graficadecoimbra.pt ABRIL, 2002
DEPÓSITO LEGAL:	159773/00

Toda a reprodução desta obra, por fotocópia ou outro qualquer processo, sem prévia autorização escrita do Editor, é ilícita e passível de procedimento judicial contra o infractor.

Em memória de meu pai.

PREFÁCIO

Os concursos para a admissão na função pública são um dos institutos mais importantes do Direito Administrativo, porque servem o direito fundamental de acesso ao exercício de funções públicas em condições democráticas exigentes de rigor e não discriminação.

Por outro lado, eles constituem verdadeiramente a fonte de alimentação dos efectivos humanos da Administração Pública, cujo papel é cada vez mais importante nas sociedades modernas dos Estados sociais de direito.

O Dr. Francisco Pimentel é um jurista muito competente e experiente nesta área; e compilou, com critério, o essencial da matéria neste livro, que ora se oferece ao público português.

Porque o seu Autor tem um conhecimento especializado da Administração Regional dos Açores, este livro é ainda mais útil, na medida em que fornece, para as Administrações Autonómicas, um apoio específico – o que simultaneamente ajuda a Administração Central a compreender melhor a autonomia das Administrações das Regiões Autónomas.

Por tudo isto, bem merece o Dr. Francisco Pimentel o aplauso e o agradecimento de todos aqueles que mais directamente se ocupam destas questões – mas também, afinal, de todos os cidadãos.

Pessoalmente, associo-me a este cumprimento com um especial sentimento: o de seu antigo professor, que guarda bem na memória a gentileza e a distinção do seu antigo aluno.

Lisboa, Natal de 2000.

MÁRIO PINTO
*Director da Faculdade de Ciências Humanas
da Universidade Católica Portuguesa*

INTRODUÇÃO

Com este trabalho pretende-se proporcionar aos eventuais interessados, serviços e seus funcionários, um guia prático sobre o modo de organizar e conduzir todo um processo de concurso de admissão ou promoção de pessoal na Administração Pública, tendo-se aproveitado a oportunidade para, simultaneamente, se tecerem algumas considerações e esclarecimentos de âmbito teórico e conceitual que permitam um melhor enquadramento e compreensão desta figura jurídica do nosso direito da função pública.

Neste contexto, só me resta fazer votos para que este ***Guia Prático sobre Concursos de Pessoal na Administração Pública*** cumpra com o objectivo almejado, constituindo-se assim num importante auxiliar de todos quantos têm a tarefa e a responsabilidade de organizar e conduzir tais processos administrativos.

FRANCISCO PIMENTEL

I
A ADMINISTRAÇÃO PÚBLICA E A RELAÇÃO JURÍDICA DE EMPREGO PÚBLICO

1. A expressão Administração Pública comporta vários sentidos, destacando o Prof. Dr. Diogo Freitas do Amaral, ilustre administrativista português, dois desses sentidos ("Curso de Direito Administrativo", 2ª Edição, 1994, Vol. I, Almedina, páginas 32 e seguintes), a saber:

a) **Administração Pública em sentido Orgânico ou Subjectivo** – "é o sistema (ou conjunto sistematizado) de órgãos, serviços e agentes do Estado, bem como das demais entidades públicas e seus funcionários, que asseguram em nome da colectividade a satisfação regular e contínua das necessidades colectivas de segurança, cultura e bem-estar".

Aqui a Administração Pública surge como sinónimo de *organização administrativa*.

b) **Administração Pública em sentido Material ou Objectivo** – "é a actividade típica dos serviços públicos e agentes administrativos desenvolvida no interesse geral da colectividade, com vista à satisfação regular e contínua das necessidades colectivas de segurança, cultura e bem-estar, obtendo para o efeito os recursos mais adequados e utilizando as formas mais convenientes".

Temos pois aqui a Administração Pública encarada enquanto *actividade*.

Para além destes dois sentidos da Administração Pública, ainda se fala da *Administração Pública em sentido formal*, querendo-se com isto significar o seu modo de agir específico ou característico, cujo afloramento mais notório se encontra consubstanciado na figura do privilégio da execução prévia.

Doravante, quando falarmos em Administração Pública, sem mais, será sempre reportada ao seu sentido orgânico ou subjectivo.

2. A Administração Pública para poder prosseguir devidamente as suas actividades tendentes à satisfação das necessidades colectivas de segurança, cultura e bem-estar carece de meios financeiros, materiais, técnicos e, claro está, humanos. Concretizando, a Administração Pública necessita de se dotar de recursos humanos, de trabalhadores, funcionários públicos, agentes administrativos e contratados a termo certo, que garantam a realização das actividades administrativas tendentes à satisfação das necessidades da comunidade em que se insere e pretende servir. Nesta conformidade, a Administração Pública tem de contratar trabalhadores, constituindo com eles uma ***Relação Jurídica de Emprego ou Trabalho***. Pelo facto de esta relação jurídica possuir a Administração Pública como um dos seus sujeitos, porventura o activo, e se encontrar regulada e tutelada por uma legislação laboral específica para a função pública, é esta mesma relação qualificada como uma ***Relação Jurídica de Emprego Público***.

Nela o trabalhador adquire a posição de sujeito passivo, no sentido em que passa a desempenhar o seu trabalho numa situação de dependência hierárquica em relação aos órgãos dirigentes da Administração Pública.

3. Nesta relação jurídica de emprego público muito pouca coisa é deixada à liberdade contratual das partes, mormente dos trabalhadores. Esta relação de trabalho é regulada e tutelada pelo direito da função pública até ao mais pequeno pormenor, de tal modo que quando o trabalhador contrata com a Administração Pública pouco faz mais do que circunscrever o exercício da sua liberdade contratual a um mero acto de adesão a um conjunto de condições prévia e legalmente definidas como contrapartidas para a sua correspondente prestação de trabalho.

A constituição, modificação e extinção desta relação jurídica de emprego público vem prevista e regulada no Dec.-Lei n.º 427/89, de 7 de Dezembro (alterado pelos Decs.-Leis n.ºs 175/95, de 21 de Julho, 102/96, de 31 de Julho e 218/98, de 17 de Julho), aplicado à Administração Local pelo Dec.-Lei n.º 409/91, de 17 de Outubro (alterado pela Lei n.º 6/92, de 29 de Abril) e adaptado à Administração Regional dos Açores através do Decreto Legislativo Regional (DLR) n.º 12/90/A, de 27 de Julho. A sua adaptação à Região Autónoma da Madeira fez-se através do Decreto Legislativo Regional n.º 9/92/M, de 21 de Abril.

O DLR n.º 16/97/A, de 23 de Julho, aplicou à Administração Local da Região Autónoma dos Açores o Dec.-Lei n.º 409/91, de 17 de Outubro, introduzindo-lhe porém algumas adaptações das quais se destaca a consagração legal da possibilidade de haver lugar à transferência, requisição e destacamento do pessoal dos quadros da administração regional autónoma para a administração local, bem como desta para aquela. Em igual sentido se pronunciou o Dec.-Lei n.º 175/98, de 2 de Julho relativamente aos quadros de pessoal da Administração Central versus Administração Local.

Em resumo, para que a Administração Pública prossiga os seus objectivos e fins necessita de meios humanos, isto é, de trabalhadores que dêem forma e execução à sua vontade. Para obter esses recursos humanos a Administração Pública tem de os recrutar e com eles estabelecer uma relação jurídica de emprego público.

Como é que se constitui essa *Relação Jurídica de Emprego Público*?
É o que vamos ver de imediato.

4. Há várias formas de constituição duma relação jurídica de emprego público, relação essa que se caracteriza, como vimos anteriormente, pela sujeição dos trabalhadores admitidos a uma subordinação hierárquica na execução do seu trabalho à Administração Pública, aqui entendida como entidade patronal, bem como pela sua sujeição a uma regulamentação laboral específica para a função pública. Ficam assim de fora os tarefeiros e os avençados uma vez que aqui não existe qualquer subordinação hierárquica, mas apenas o compromisso da prestação e apresentação do resultado final do seu trabalho.

O Dec.-Lei n.º 427/89, de 7 de Dezembro, intitulado "Constituição, modificação e extinção da relação jurídica de emprego na Administração Pública", enuncia as diversas *Modalidades de Constituição da Relação Jurídica de Emprego Público* (Capítulo II, artigos 3.º e seguintes), a saber:

a) **Nomeação** – "é um acto unilateral da administração pelo qual se preenche um lugar do quadro e se visa assegurar, de modo profissionalizado, o exercício de funções próprias de serviço público que revistam carácter de permanência" (art. 4.º, n.º 1).

A nomeação confere ao nomeado a qualidade de *funcionário* de acordo com o art. 4.º, n.º 5 do Dec.-Lei n.º 427/89.

b) **Contrato Administrativo de Provimento** – "é o acordo bilateral pelo qual uma pessoa não integrada nos quadros assegura, a título transitório e com carácter de subordinação, o exercício de funções próprias de serviço público, com sujeição ao regime jurídico da função pública" (art. 15.º, n.º 1).

Este contrato confere ao trabalhador outorgante a qualidade de *agente administrativo* apenas, e não a de funcionário público *strictu sensu*, isto segundo o art. 14.°, n.° 2 do Dec.-Lei n.° 427/89.

O processo de recrutamento destes contratados tem uma natureza simples e sumária que vem previsto no art. 17.° do Dec.-Lei n.° 427/89.

c) **Contrato de Trabalho a Termo Certo** – "é o acordo bilateral pelo qual uma pessoa não integrada nos quadros assegura, com carácter de subordinação, a satisfação de necessidades transitórias dos serviços de duração determinada que não possam ser asseguradas nos termos do art. 15.°" (art. 18.°, n.° 1).

Este contrato não confere ao trabalhador admitido a qualidade quer de funcionário público quer de agente administrativo (art. 14.°, n.° 3), sendo-lhe assim aplicável a lei geral do trabalho com as especificidades constantes do Dec.-Lei n.° 427/89, de 7 de Dezembro.

O recrutamento de pessoal é feito de uma forma ainda mais simples e sumária do que o anterior e vem regulado no art. 19.° do Dec.-Lei n.° 427/89.

5. Das modalidades de constituição da relação jurídica de emprego público referenciadas anteriormente a que nos interessa é a *Nomeação*, uma vez que é através dela que se preenche um lugar no quadro, obtendo o trabalhador um vínculo permanente e definitivo à Administração Pública, carecendo para tal e por força da lei de se sujeitar a um processo prévio de recrutamento e selecção, consubstanciado na figura jurídica do **Concurso**.

A título de mera curiosidade e com vista a dar uma ideia da dimensão dos recursos humanos na Administração Pública portuguesa transcrevem-se aqui alguns números avançados num trabalho datado de 1992 da responsabilidade da Direcção-Geral da Administração Pública, trabalho esse intitulado "A Administração Pública em números". Aí se afirmava existirem 439.000 trabalhadores na Administração Pública Central (84,5%) e 81.000 na Administração Local (15,5%), o que dava um total de 520.000 trabalhadores. Acrescentava-se de seguida, nesse trabalho, que deste total 83% era pessoal do quadro e 17% pessoal além do quadro.

Mais recentemente, e com base no último Recenseamento Geral da Função Pública datado de 1 de Outubro de 1996 da responsabilidade da Secretaria de Estado da Administração Pública e da Modernização Administrativa, divulgou-se que o número total de trabalhadores na Administração Pública atingia já os 599.674 efectivos, cabendo 500.016 à Administração Central e 99.658 à Administração Local. Ao nível da Administração Central, só aos Ministérios da Educação e da Saúde pertenciam efectivos humanos na ordem dos 205.610 e 109.721, respectivamente, num sub-total de 315.331 trabalhadores. Este último dado informativo fez com que os recursos humanos em toda a Administração Pública portuguesa fossem atirados para um número próximo dos 630.000 trabalhadores, se partirmos do pressuposto da existência de uma média de 15.000 trabalhadores por cada uma das Administrações Regionais dos Açores e da Madeira (até ao momento presente inexistem quaisquer recenseamentos minimamente fiáveis e actualizados sobre os recursos humanos nestas Administrações Regionais, pelo que a média aqui avançada não passa de um mero cálculo grosseiro, que pecará certamente por defeito). A esta realidade há a acrescer ainda o pessoal com vínculos precários recentemente integrado nos quadros da função pública à sombra do Dec.-Lei n.º 81-A/96, de 21 de Junho e do Dec.-Lei n.º 195/97, de 31 de Julho, este último alterado pelo Dec.-Lei n.º 256/98, de 14 de Agosto.

Ainda a título de curiosidade transcrevemos aqui alguns elementos informativos sobre os recursos humanos da Câmara Municipal de Lisboa, elementos esses divulgados num artigo da responsabilidade do jornalista Pedro Marta Santos, sob o título "Real Grande Lisboa", inserto na Revista Vida do Jornal "Independente", n.º 425, de 5 de Julho de 1996. Nesse artigo adiantava-se que a Câmara Municipal de Lisboa, isto é, a Administração Local da autarquia da capital do País, possuía, nada mais nada menos do que:

281	⇨	dirigentes
930	⇨	técnicos superiores
931	⇨	técnicos profissionais
3.485	⇨	auxiliares
1.216	⇨	administrativos
1.213	⇨	operários
959	⇨	bombeiros
471	⇨	polícias

TOTAL – 9.486 efectivos

Estes elementos parecem-nos ser suficientemente elucidativos do peso e da importância da nossa Administração Pública na sociedade portuguesa.

A necessidade de garantir os princípios da igualdade e da liberdade no ingresso e acesso de pessoal na função pública, evitando-se assim a "cunha" e o compadrio que tendem a caracterizar hoje os países do terceiro-mundo na obtenção de lugares públicos, levou o nosso legislador (constitucional) a prever no próprio texto da Constituição da República Portuguesa (CRP) normas que tornem efectiva e garantam a aplicação prática de tais princípios.

II
RECRUTAMENTO E SELECÇÃO DE PESSOAL NA ADMINISTRAÇÃO PÚBLICA SUA BASE CONSTITUCIONAL

1. A *Nomeação* de um trabalhador como funcionário da Administração Pública depende e carece legalmente, como vimos, de um *Processo Prévio de Recrutamento e Selecção*.

2. O processo de recrutamento dos trabalhadores a nomear para a Administração Pública é, por excelência, o do *Concurso*. Por outras palavras, *o concurso é o processo de recrutamento e selecção normal e obrigatório de pessoal para os serviços e quadros da Administração Pública*.

Os princípios gerais e o processo de recrutamento e selecção de pessoal para os quadros da Administração Pública encontram-se previstos e regulados no Dec.-Lei n.º 204/98, de 11 de Julho. É este diploma que regula em concreto a figura jurídica do concurso, pelo que é naturalmente sobre ele que nos vamos passar a referir por constituir o tema do presente trabalho.

Mas antes disso, impõe-se-nos fazer uma breve referência à base constitucional dos concursos de pessoal na função pública de modo a darmos uma noção concreta da sua importância.

3. O art. 266.º da Constituição da República Portuguesa preceitua o seguinte:

1. "A Administração Pública visa a prossecução do interesse público, no respeito pelos direitos e interesses legalmente protegidos dos cidadãos.

2. *Os órgãos e agentes administrativos estão subordinados à Constituição e à lei e devem actuar, no exercício das suas funções,*

*com respeito pelos **princípios da igualdade, da proporcionalidade, da justiça e da imparcialidade**".*

4. Por seu turno o art. 47.º da C.R.P. dispõe expressamente que:
1. "Todos têm o direito de escolher livremente a profissão ou o género de trabalho, salvas as restrições legais impostas pelo interesse colectivo ou inerentes à sua própria capacidade.
2. **Todos os Cidadãos têm o direito de acesso à função pública, em condições de igualdade e liberdade, em regra por via do concurso**".

5. Concretizando, tal significa que a Administração Pública, antes da nomeação do funcionário nos termos do art. 4, n.º 1 do Dec.-Lei n.º 427/89, tem de proceder, prévia e obrigatoriamente, a um processo de recrutamento e selecção desse funcionário, no qual se observe e respeite escrupulosamente os *Princípios da Igualdade e da Liberdade de Acesso ao Universo dos Candidatos aptos à ocupação daquele lugar no quadro*.

O Dec.-Lei n.º 204/98, de 11 de Julho, veio dar corpo ao estatuído na Constituição ao regular, em conformidade com os princípios aí fixados, o instituto jurídico dos concursos. Este diploma revogou o Dec.-Lei n.º 498/88, de 30 de Dezembro, alterado pelo Dec.-Lei n.º 215/95, de 22 de Agosto, que regulava anteriormente esta matéria dos concursos de pessoal na função pública.

6. Refira-se a título de mera curiosidade que o Dec.-Lei n.º 171/82, de 2 de Maio, foi o primeiro diploma após 25 de Abril de 1974 a eleger o concurso como o processo normal e obrigatório de recrutamento e selecção de pessoal para os quadros dos serviços e organismos da Administração Pública, tendo sido substituído mais tarde pelo Dec.-Lei n.º 44/84, de 3 de Fevereiro, posteriormente revogado pelo Dec.-Lei n.º 498/88, de 30 de Dezembro.

Antes de 1982 o regime jurídico dos concursos de admissão e promoção de pessoal na função pública encontrava-se disperso por legislação variada, e por vezes desconexa, que ia desde o Dec.-Lei n.º 29.996, de 24 de Outubro de 1939, passando pelo Dec.-Lei n.º 49.031, de 27 de Maio de 1969 (arts. 4.º e 5.º), Dec.-Lei n.º 49.397, de 24 de Novembro de 1969 (arts. 11.º, 17.º e 18.º), Dec.-Lei n.º 731/75, de 23 de Dezembro, Dec.-Lei n.º 191-C/79, de 25 de Junho, terminando no Dec.-Lei n.º 140/81, de 30 de Maio (arts. 15.º e 16.º).

7. Sobre os concursos convém ter em conta ainda os seguintes diplomas:

a) Dec.-Lei n.º 404-A/98, de 18 de Dezembro (alterado pela Lei n.º 44/99, de 11 de Junho) – Revalorização das Carreiras – o seu clausulado reporta-se às formas de ingresso, acesso e progressão nas carreiras e categorias do regime geral da função pública, bem como às respectivas escalas salariais, enquanto o seu art. 3.º se debruça especificamente sobre a questão da "intercomunicabilidade vertical" (aplicado à Administração Local através do Dec.-Lei n.º 412-A/98, de 30 de Dezembro);

b) Dec.-Lei n.º 184/89, de 2 de Junho (alterado pela Lei n.º 25/98, de 26 de Maio) – Princípios gerais em matéria de emprego público (...) – este diploma admite no seu art. 28.º a possibilidade de abertura de concurso externo para ingresso na função pública em categoria de acesso, embora o faça a título excepcional; as regras sobre o ingresso e acesso normais na função pública constam dos seus arts. 26.º a 27.º;

c) Dec.-Lei n.º 353-A/89, de 16 de Outubro (alterado pelo Dec.-Lei n.º 404-A/98, de 18 de Dezembro) – Estatuto remuneratório da função pública – o seu art. 41.º admite igualmente a possibilidade de ingresso imediato na função pública logo em categoria de acesso;

d) Dec.-Lei n.º 121/96, de 9 de Agosto – Determina a obrigatoriedade da abertura de concurso de acesso (fala ainda em concurso interno condicionado, devendo-se entender este hoje como reportado ao concurso interno limitado) sempre que, havendo vagas orçamentadas, existam funcionários posicionados no último escalão da respectiva categoria e com mais de 6 anos de serviço nela prestados, com classificação não inferior a Bom (art. 2.º);

e) Dec.-Lei n.º 175/98, de 2 de Julho – Diploma que veio finalmente admitir a mobilidade entre funcionários das Administrações Central e Local, prevendo-se expressamente aí a possibilidade dos funcionários da Administração Local, «que satisfaçam os requisitos gerais, de ingresso e de acesso na carreira», poderem candidatar-se aos **concursos internos gerais,** para lugares de ingresso e de acesso, e mistos, nos quadros de pessoal da Administração Central, e vice-versa no que toca aos funcionários desta Administração em relação à Local (art. 1.º). No mesmo sentido da admissão legal da mobilidade entre funcionários das Administrações Regional dos Açores e Local se pronunciou o DLR n.º 16/97/A, de 23 de Julho.

III

O DECRETO-LEI N.º 204/98, DE 11 DE JULHO REGIME JURÍDICO DE RECRUTAMENTO E SELECÇÃO DE PESSOAL PARA OS QUADROS DA ADMINISTRAÇÃO PÚBLICA

1. Logo no art. 1.º do Dec.-Lei n.º 204/98, de 11 de Julho, afirma-se que este diploma «regulamenta o concurso como forma de recrutamento e selecção de pessoal para os quadros da Administração Pública, bem com os princípios e garantias gerais a que o mesmo deve obedecer».

Antes de mais, aproveita-se a oportunidade para chamar a atenção para o facto de, doravante, sempre que se fizer referência a artigos isoladamente, sem qualquer menção do diploma legal a que se reportam, deverem tais artigos serem entendidos como respeitantes ao Dec.-Lei n.º 204/98, de 11 de Julho. A adopção de tal metodologia tem a ver apenas com razões que se prendem com a necessidade de maior comodidade e economicidade de exposição.

2. O Dec.-Lei n.º 204/98, de 11 de Julho, foi publicado na sequência da autorização legislativa concedida pela Lei n.º 10/98, de 18 de Fevereiro, nos termos da al. b) do n.º 1 do art. 198.º e n.º 5 do art. 112.º da CRP.

O seu art. 54.º preceitua que o novo diploma sobre concursos entra em vigor 30 dias após a data da sua publicação, ou seja, no dia 11 de Agosto de 1998, inclusivé.

Sobre o início da vigência dos diplomas legais veja-se a propósito o disposto nos arts. 279.º e 296.º do Código Civil e no art. 2.º, n.º 1 da Lei n.º 74/98, de 11 de Novembro.

De acordo com o art. 53.º, n.º 1, do Dec.-Lei n.º 204/98, de 11 de Julho, este diploma « não se aplica aos concursos cujo aviso de abertura tenha sido publicado até à data da sua entrada em vigor», isto é, até 11 de Agosto inclusivé (cfr. art. 54.º), salvaguardando-se porém as seguintes situações:

a) A situação de «execução de sentença» prevista no art. 51.º: «para reconstituição da situação actual hipotética decorrente da procedência de recurso contencioso de anulação, o recorrente que adquira o direito ao provimento poderá sempre exigi-lo ainda que como supranumerário, em lugar a extinguir quando vagar»;

b) A situação do art. 53.º, n.º 3: «consideram-se válidos os concursos que, devendo ter sido abertos ao abrigo da alínea b) do n.º 1 do art. 38.º do Dec.-Lei n.º 498/88, de 30 de Dezembro, com a redacção dada pelo art. 1.º do Dec.-Lei n.º 215/95, de 22 de Agosto, o foram sob a forma de processo comum».

3. Vamos analisar o regime de recrutamento e selecção de pessoal previsto no Dec.-Lei n.º 204/98, de 11 de Julho, começando desde logo pela questão da delimitação do seu âmbito de aplicação subjectiva.

Assim, quanto ao ***Âmbito de Aplicação Subjectiva do Dec.-Lei n.º 204/98, de 11 de Julho:***

a) ***Temos a sua aplicação directa:***
   1.º A todos os serviços e organismos da Administração Central (art. 2, n.º 1);
   2.º Aos institutos públicos que revistam a natureza de serviços personalizados ou de fundos públicos da Administração Central, isto é, a administração indirecta do Estado (art. 2, n.º 1 *in fine*).

b) ***A sua aplicação directa mas com as necessárias adaptações:***
   1.º À Administração Local (art. 2.º, n.º 2);
   2.º À Administração Regional – sem prejuízo da competência dos órgãos de Governo próprio das Regiões Autónomas (art. 2.º, n.º 2, *in fine*).

Note-se, nesta aplicação do regime jurídico do Dec.-Lei n.º 204/98, de 11 de Julho à Administração Local e Regional, que o art. 2, n.º 2, deste diploma adoptou uma redacção de adaptação ligeiramente diferente da do diploma anterior (Dec.-Lei n.º 498/88), no qual se previa expressamente que tal adaptação se teria de operar respectivamente por decreto-lei e por decreto legislativo regional para cada uma daquelas realidades administrativas. Não obstante isto, quando no art. 2, n.º 2, se afirma que o regime aí previsto se aplica, «com as necessárias adaptações, à administração local e à administração regional, sem prejuízo da competência dos órgãos de governo próprio das Regiões», deve entender-se que tal aplicabilidade se efectuará através da via legislativa adequada que adapte aquele regime jurídico de concurso, nomeadamente através de decreto-lei para a Administração Local e por via de decreto legislativo regional, das respectivas Assembleias Legislativas Regionais, para as Administrações Regionais dos Açores e da Madeira. Foi isso precisamente o que aconteceu.

O Dec.-Lei n.° 238/99, de 25 de Junho aplicou à Administração Local, com as necessárias adaptações, o regime geral de recrutamento e selecção de pessoal constante do Dec.-Lei n.° 204/98, enquanto o DLR n.° 27/99/A, de 31 de Julho, fez o mesmo para a Administração Regional dos Açores.

Quanto á Madeira a adaptação daquele regime jurídico de concursos à sua Administração Regional operou-se por forma "original" através da Resolução n.° 1014/98, de 11 de Agosto da Presidência do Governo Regional, publicada no Jornal Oficial da Região Autónoma da Madeira (JORAM), I Série, n.° 53, de 11 de Agosto de 1998.

O art. 2, n.° 3 preceitua, contudo, que a adaptação do regime sobre recrutamento e selecção aí previsto às Administrações Local e Regional, dos Açores e da Madeira, observará sempre os princípios consignados no art. 5.° do Dec.-Lei n.° 204/98, de 11 de Julho.

4. De acordo com o disposto no art. 3.° do Dec.-Lei n.° 204/98, *exclui-se do seu âmbito de aplicação:*

A – O recrutamento de pessoal dirigente (directores de serviços e chefes de divisão), cujo regime consta da Lei n.° 49/99, de 22 de Junho.

B – Exclui-se também do âmbito de aplicação subjectiva do Dec.-Lei n.° 204/98 «o recrutamento e selecção de pessoal dos corpos especiais e das carreiras de regime especial (...)», que poderá ser objecto de processo de concurso próprio «com respeito pelos princípios e garantias consagradas no art. 5».

Utilizou-se aqui uma redacção genérica, no sentido de não taxativa, ao contrário do que se fazia no art. 3 do Dec.-Lei n.° 498/88, de 30 de Dezembro, facto que determina a não aplicação do Dec.-Lei n.° 204/98 não só às carreiras diplomática, docente, de investigação, médica, de enfermagem, de técnicos auxiliares de diagnóstico e terapêutica, dos administradores hospitalares e das forças de segurança, como também ao pessoal de quaisquer outros corpos especiais para os quais se preveja em lei especial processo de concurso próprio (cfr. art. 3.°, n.° 3).

No final deste trabalho dedicaremos um capítulo próprio à questão do recrutamento do pessoal dirigente na sequência da nova realidade introduzida aqui com a publicação da Lei n.º 13/98, de 23 de Maio, que reviu o Estatuto de Pessoal Dirigente constante do Dec.-Lei n.º 323/89, de 26 de Setembro, e da Lei n.º 49/99, de 22 de Junho que o revogou, adoptando posteriormente um novo estatuto.

5. A principal razão avançada no preâmbulo do Dec.-Lei n.º 204/98, de 11 de Julho, para a publicação de um novo regime de recrutamento e selecção foi, basicamente, a de aliviar esse mesmo regime do pesado formalismo que o caracterizava anteriormente, preocupação essa que, curiosamente, a já vinha também expressa no preâmbulo do anterior do Dec.-Lei n.º 498/88.

Quanto às demais razões invocadas para a publicação de um novo regime jurídico sobre concursos de pessoal na função pública vêm elas claramente enunciadas no preâmbulo do Dec.-Lei n.º 204/98. São elas duas, a saber:

a) Pôr à disposição dos dirigentes máximos dos serviços uma maior variedade de instrumentos de gestão de recursos humanos;

b) Possibilitar a satisfação das expectativas profissionais dos funcionários e agentes que prestam serviço na Administração Pública.

De seguida, naquele preâmbulo enunciam-se destacadamente como medidas tomadas no sentido da concretização daquela ordem de razões ou preocupações.

1.ª «A liberalização do recurso ao concurso de acesso circunscrito ao pessoal que já desempenha funções no serviço, quando aquele é suficiente para a prossecução das atribuições que a este são cometidas»;

2.ª A maior relevância dada às provas de conhecimentos, «nomeadamente no que respeita aos temas dos direitos e deveres da função pública e deontologia profissional»;

3.ª A clarificação do «carácter complementar da entrevista e do exame psicológico de selecção»;

4.ª A prevalência das tarefas do júri sobre as demais cometidas concretamente aos seus membros, salvo situações de urgência;

5.ª A responsabilização do júri pela condução do procedimento com celeridade adequada;

6.ª Uma mais clara definição das circunstâncias que permitem a alteração da composição do júri, devendo a escolha dos seus membros respeitar, na medida do possível, a área funcional para que o concurso é aberto;

7.ª A desburocratização e celeridade do concurso, através da simplificação de procedimentos, suprimindo-se, sempre que possível, as formalidades dispensáveis, «designadamente publicações no Diário da República, adequando(-se) os avisos de abertura aos respectivos destinatários e flexibilizando os prazos de entrega de candidaturas»;

8.ª A adopção do princípio da confiança como princípio tendente a simplificar e a facilitar a fase da entrega dos documentos necessários à comprovação da validade da candidatura, sem que para tanto se comprometa «a segurança e a utilidade das operações do concurso».

6. Conceitos de Recrutamento e Selecção. Estes conceitos são-nos dados pelo próprio Dec.-Lei n.º 204/98, mormente no seu art. 4 quando aí se diz que:

a) *Recrutamento* – consiste no "conjunto de operações tendentes à satisfação das necessidades de pessoal dos serviços e organismos da Administração Pública, bem como à satisfação das expectativas profissionais dos seus funcionários e agentes, criando condições para o acesso no próprio serviço ou organismo ou em organismos ou serviço diferente" (art. 4.º, n.º 1).

Este conceito de recrutamento abrange todas as fases e respectivas operações que integram e caracterizam o próprio processo de concurso. Isto é, o processo de recrutamento ou processo de concurso são aqui sinónimos, ou seja, uma e mesma coisa, aí se integrando o sub-processo ou fase de selecção.

b) *Selecção* – é o "conjunto de operações que, enquadradas no processo de recrutamento e mediante a utilização de métodos e técnicas adequadas, permitem avaliar e classificar os candidatos segundo as aptidões e capacidades indispensáveis para o exercício das tarefas e responsabilidades de determinada função" (art. 4.º, n.º 2).

Neste caso, como se vê, a selecção corresponde apenas a uma fase específica do concurso ou do processo de recrutamento, aqui se relevando pois o momento da aplicação dos métodos de selecção com vista ao apuramento dos melhores candidatos ao lugar posto a concurso.

7. *No art. 5.º do Dec.-Lei n.º 204/98 enunciam-se* **dois princípios gerais de recrutamento e selecção,** *a saber*:

a) **Liberdade de candidatura** – significa que todos aqueles que reunam ou preencham os requisitos exigidos para se candidatarem são livres de apresentar a respectiva candidatura a concurso, não se lhes podendo nem devendo opor quaisquer dificuldades ou obstáculos (art. 5.º, n.º 1);

b) **Igualdade de condições e oportunidades para todos os candidatos** – prende-se com os princípios da não discriminação e da imparcialidade no tratamento ou relacionamento com todos os candidatos opositores a concurso.

Com vista a fazer respeitar aqueles princípios, o art. 5.º, n.º 2 enuncia e autonomiza de seguida, num esforço de evidente clarificação e arrumação conceitual, uma série de garantias com esse fito, a saber:

1.ª) *Neutralidade da composição do júri* – visa impedir que na composição do júri façam parte elementos que, de uma forma ou de outra, tenham com os candidatos um qualquer relacionamento relevante que ponha em causa a sua actuação que deve ser necessariamente imparcial;

2.ª) *Divulgação atempada dos métodos de selecção a utilizar, dos programas das provas de conhecimento e do sistema de classificação final* – este requisito trata-se de uma decorrência inevitável dos princípios de boa fé e da transparência que devem caracterizar e nortear a acção da Administração Pública;

3.ª) *Aplicação de métodos e critérios objectivos de avaliação* – visa este requisito evitar ou reduzir o espaço de discricionariedade da avaliação do júri mesmo quando assente apenas em bases ou critérios subjectivos de ponderação;

4.ª) *Direito de recurso* – trata-se ao fim e ao cabo da consagração material do direito constitucional de defesa dos administrados relativamente a actos administrativos que lesem os seus direitos e interesses mediante o recurso aos tribunais.

8. O concurso como instrumento de mobilidade. O concurso pode ele próprio se constituir como um instrumento de mobilidade do pessoal intra e inter administrações, embora atípico, uma vez que não consta expressamente do elenco das modalidades de actos administrativos susceptíveis de modificação da relação jurídica de emprego público previsto nos arts. 22.º e seguintes do Dec.-Lei n.º 427/89. A admissibilidade legal e de facto de situações de candidatura, por exemplo, de técnicos superiores de 1.ª classe a concursos abertos por outros serviços, diferentes dos daqueles candidatos, para o preenchimento de lugares vagos de idênticas categorias da mesma carreira, isto é, de técnicos superiores de 1.ª classe, transforma ou constitui o concurso num verdadeiro e próprio instrumento de mobilidade. No caso em apreço, os técnicos superiores de 1.ª classe candidatos a um concurso para o preenchimento de lugares vagos de idêntica categoria da mesma carreira, embora de serviço e quadro diferentes dos seus, poderão apresentar um interesse legítimo na sua candidatura o qual consistirá, ao fim e ao cabo, na simples intenção de mudar de serviço através do recurso à figura do concurso. À *contrario sensu*, pelo facto de não se conseguir descortinar a existência de um igual interesse legítimo, válido e consequente, naquelas situações de oposição de técnicos superiores de 1.ª classe a concursos abertos para as mesmas categorias do mesmo serviço, torna *a priori* essas mesmas situações inadmissíveis do ponto de vista legal. Contudo, mesmo aqui, nestas situações, se se vier a descortinar algum interesse minimamente válido e consequente, são elas próprias, situações, de admitir legalmente de acordo com o Parecer da Procuradoria-Geral da República, in processo n.º 55/95, publicado no Diário da República, 2.ª Série, n.º 200, de 29 de Agosto de 1996, nomeadamente quando aí se diz "in fine" que: *"E dentro do mesmo serviço ou organismo pensa-se que também deverá ser possível a candidatura, desde que nele existam carreiras diferentes, ou, mesmo, tão-só áreas funcionais diferenciadas"*. Admite-se, desta forma, em toda a linha, o concurso como um instrumento de mobilidade quando neste Parecer se conclui que "não é vedada a candidatura, num concurso interno geral de acesso, de funcionários que já possuam a categoria para a qual o concurso é aberto" (pág. 12155). E isto porque, segundo aquele mesmo Parecer da Procuradoria-Geral da República, "inexiste, para tanto, obstáculo legal e, por outro lado, interesses legítimos de vária ordem podem justificar essa candidatura».

9. Tipologia Legal dos Concursos. O art. 6.º prevê uma tipologia dos concursos que assenta em 2 critérios, a saber:
    a) *Quanto à* **Origem dos Candidatos** (art. 6.º, n.º 1);
    b) *Quanto à* **Natureza das Vagas Postas a Concurso** (art. 6.º, n.º 2).

10. Quanto à **Origem dos Candidatos** a lei distingue entre:
    a) **Concurso Externo**: quando «aberto a todos os indivíduos» (art. 6.º, n.º 1);

O concurso externo é normalmente aberto por ocasião de ingresso na função pública para o preenchimento de categorias de base duma determinada carreira (vd. arts. 26.º e 27.º do Dec.-Lei n.º 184/89, de 2 de Junho). Pode, porém, acontecer a realização de *concursos externos para ingresso na função pública em categorias de acesso*. É o caso do *recrutamento excepcional para lugares de acesso* previsto no art. 28.º do Dec.--Lei n.º 184/89, de 2 de Junho, quando aí se diz (e passa-se a citar):

«Excepcionalmente, em casos *devidamente fundamentados*, podem ser recrutados, mediante *concurso externo*, para *lugares de acesso* indivíduos que possuam licenciatura adequada e qualificação e experiência profissional de duração não inferior à normalmente exigível para acesso à categoria, bem como indivíduos habilitados com mestrado ou doutoramento».

De igual modo, se aceita a admissão na função pública em lugares de acesso no art. 41.º do Dec.-Lei n.º 353-A/89, de 16 de Outubro, quando nomeadamente aí se afirma o seguinte:

«Sempre que o concurso destinado ao preenchimento de lugares de ingresso em carreiras dos grupos de pessoal *Técnico Superior e Técnico* fique *deserto,* pode ser aberto concurso, sem prejuízo do regime de estágio, para preenchimento de lugares vagos na categoria imediatamente superior».

b) *Concurso Interno*: quando aberto apenas «a funcionários ou agentes que, a qualquer título, exerçam funções correspondentes a necessidades permanentes há mais de um ano nos organismos referidos no n.º 1 do artigo 2.º».

Pese embora alguma infelicidade de redacção deste preceito, nomeadamente quando aí se faz menção apenas aos "organismos referidos no ln.º 1 do art. 2.º", deve-se entender este concurso como aberto a dois tipos distintos de candidatos, a saber: aberto a todos os funcionários públicos independentemente da Administração Pública onde prestem serviço (Administração Central, Regional ou Local), pois o que aqui parece relevar é a qualidade intrínseca de funcionário, e aberto aos agentes que, a qualquer título (o art. 6.º, n.º 3 considera desde logo "incluído no âmbito subjectivo dos concursos internos de ingresso o pessoal vinculado por contrato administrativo de provimento"), exerçam funções correspondentes a necessidades permanentes há mais de um ano nos serviços e organismos da administração central, bem como nos institutos públicos nas modalidades de serviços personalizados do Estado e de fundos públicos. O recurso ao termo «a qualquer título» parece querer alargar o âmbito subjectivo dos concursos internos de ingresso também ao pessoal contratado a termo certo nos termos do Dec.-Lei n.º 427/89. Contudo, porque a qualidade de agente apenas se obtem por via do contrato administrativo de provimento, não se nos afigura juridicamente sustentável esta tentativa de alargamento do âmbito de aplicação subjectiva do concurso interno de ingresso aos contratados a termo certo.

Este entendimento parece-nos o mais acertado não só por ser o mais conforme com a própria letra da lei (elemento literal), mas também por respeitar os conceitos de funcionário público e agente e a natureza do concurso enquanto instrumento de mobilidade dos funcionários públicos intra e interadministrações e, simultaneamente, por eleger e transformar este tipo de concurso interno (de ingresso) num importante meio legal de regularização dos vínculos precários do pessoal contratado administrativamente dos próprios serviços e organismos onde se encontrem a prestar funções correspondentes a necessidades permanentes há mais de 1 ano (art. 6.º, n.º 1).

Adoptar-se um entendimento diverso daquele aqui expendido no que toca ao conceito de funcionário administrativo equivaleria na prática a ter distinguir e autonomizar uma nova sub-classificação dos concursos quanto à origem dos candidatos, que nos obrigaria a ter que falar então na existência de tantos concursos internos de ingresso quantos os tipos de Administração Pública onde os mesmos fossem abertos (Administração Pública Central, Regional e Local). Para além de tal entendimento ir contra o adágio romano de *ubi lex non distinguet, nec nos distinguere debemos*, o mesmo acabaria por constituir um sério entrave ao princípio da livre mobilidade dos funcionários entre as respectivas Administrações Públicas.

11. Quanto à *Natureza das Vagas* o concurso pode classificar-se em:

a) *Concurso de Ingresso* – "quando vise o preenchimento de lugares das categorias de base das respectivas carreiras" (art. 6.º, n.º 2);

b) *Concurso de Acesso* – quando "vise o preenchimento das categorias intermédias e de topo das respectivas carreiras", que não as de base (art. 6.º, n.º 2).

12. Para além desta tipologia legal dos concursos, enunciada expressamente no art. 6.º, pode-se ainda descortinar uma outra classificação dos concursos resultante do cruzamento ou conjugação simultânea dos dois critérios referidos anteriormente, a saber os critérios que se reportam

à *Origem dos Candidatos* e à *Natureza das Vagas*. Assim, partindo do art. 6.º podemos distinguir ainda uma classificação ou subclassificação dos concursos internos em:
a) **Concursos Internos de Ingresso;**
b) **Concursos Internos de Acesso.**

No que diz respeito aos **Concursos Internos de Ingresso** preceitua o art. 6.º, n.º 3 que: «considera-se incluído no (seu) âmbito subjectivo (...) o pessoal vinculado por contrato administrativo de provimento». Este tipo de concurso, para além de abranger no seu âmbito subjectivo aqueles que já sejam funcionários, constituindo-se assim em relação a eles quase como um mero instrumento de mobilidade, acaba por ser ainda um importante elemento de regularização de vínculos precários dos agentes ligados à Administração Pública através de meros contratos administrativos de provimento (e mesmo do pessoal contratado a termo certo se se entender o termo "a qualquer título "do art. 6.º, n.º 1 como querendo também abranger nele a relação jurídica de emprego público constituída à sombra deste tipo de contrato).

Quanto aos **Concursos Internos de Acesso** distingue o art. 6.º, n.º 4, nas suas als. a) a c), as seguintes três modalidades de concurso, a saber:

1.ª *Concurso Interno de Acesso Geral* – «quando aberto a todos os funcionários, independentemente do serviço ou organismo a que pertençam», logo, a nosso ver, independentemente também das Administrações Central, Regional ou Local a que pertencem. O que importa aqui é que o candidato possua a qualidade de *funcionário* e reúna, obviamente, os requisitos legais exigidos para o acesso na respectiva carreira;

2.ª *Concurso Interno de Acesso Limitado* – «quando se destina apenas a funcionários pertencentes ao serviço ou quadro único para o qual é aberto concurso»;

3.ª *Concurso Interno de Acesso Misto* – «quando se prevejam duas quotas destinadas, respectivamente, a funcionários pertencentes ao serviço ou quadro único para o qual o concurso é aberto e a funcionários que a ele não pertençam».

O art. 8.º vem definir, de seguida, as condições em que cada uma daquelas modalidades de *concurso interno de acesso* pode ser utilizado. Temos assim que:

a) A entidade competente para autorizar a abertura do concurso de acesso pode optar entre *concurso interno geral e o limitado* «quando o número de lugares vagos existentes no quadro de pessoal seja igual ou inferior ao número de funcionários do serviço ou quadro único em condições de se candidatarem» (n.º 1);

Ex.: O quadro tem 4 lugares de técnicos de 1.ª classe vagos, havendo 4 ou mais candidatos. Então a entidade competente pode optar aqui por socorrer-se de um concurso interno geral ou de um concurso limitado.

b) A entidade competente para autorizar a abertura do concurso pode *optar entre concurso interno geral e o misto* (isto é, está-lhe vedado o recurso ao *concurso limitado*) «quando o número de lugares vagos existentes no quadro de pessoal seja superior ao número de funcionários do serviço ou quadro único em condições de se candidatarem» (n.º 2);

Ex.: O quadro tem aqueles mesmos 4 lugares de técnicos de 1.ª classe vagos, havendo neste caso 3 ou menos candidatos. A entidade competente aqui não pode mandar abrir concurso interno de acesso limitado. Apenas pode escolher entre concurso interno geral e o misto.

Esclarece o art. 8.º, n.º 4 que «o número de lugares vagos mencionados nos números anteriores releva apenas para a determinação da modalidade de concurso a utilizar, independentemente do número de lugares que seja posto a concurso».

No caso da entidade competente optar pelo concurso misto, deve de seguida fixar no respectivo despacho que autoriza a abertura de concurso as quotas destinadas, respectivamente, a funcionários pertencentes ao serviço ou quadro único para o qual o concurso é aberto e a funcionários que a ele não pertencem (art. 8.º, n.º 3 e art. 6.º, n.º 4, al. c)).

Neste ponto, aproveita-se a oportunidade para fazer referência ao disposto no art. 41.º do Dec.-Lei n.º 353-A/89, de 16 de Outubro (Estatuto Remuneratório da Função Pública). Aí se diz que *«sempre que o concurso destinado ao preenchimento de lugares de ingresso em carreiras dos grupos de pessoal técnico superior e técnico fique deserto, pode ser aberto concurso,* sem prejuízo do regime de estágio, *para preenchimento de lugares vagos na categoria imediatamente superior».* Isto é, através deste preceito admite-se legalmente a hipótese de abertura de um *concurso externo de ingresso na função pública para um lugar de acesso das carreiras técnica superior e técnica,* mas apenas e só no caso do concurso externo anteriormente aberto para o preenchimento de lugares de ingresso daquelas carreiras tiver ficado deserto. Trata-se, como se vê, duma situação a todos os títulos excepcional, sendo, porém, aqui de seguir, na eventualidade da sua ocorrência, o processualismo legal previsto no Dec.--Lei n.º 204/98, de 11 de Julho, para o concurso externo.

c) Nos concursos de acesso para lugares de carreiras verticais com dotação global a entidade competente para autorizar a sua abertura tem de os circunscrever obrigatoriamente aos funcionários do respectivo serviço, sempre que verifique que a totalidade dos lugares do correspondente quadro se encontra preenchido (art. 8.º, n.º 5), obedecendo estes concursos ao procedimento do concurso limitado (art. 8.º, n.º 6).

Para melhor compreensão do que acabamos de enunciar, deixamos de seguida alguns exemplos mais da aplicação das regras do art. 8.º aos serviços públicos consoante se encontram dotados de quadros circulares ou de quadros não circulares.

1.º) *Quadro Circular*: é aquele que se caracteriza por possuir uma dotação global por carreira. Aqui há duas situações a ter em conta, a saber:

a) O quadro de pessoal está totalmente preenchido na sua dotação de lugares: 10.

Ex.:

Quadro
Assist. Adm. Espec.
Assist. Adm. Princ. e
A. Administrativo   10

Neste caso o concurso interno de acesso terá de ser obrigatoriamente restringido aos funcionários do quadro circular sob pena de, a admitir alguém de fora, não haver pura e simplesmente lugar para o integrar (ficaria como um supranumerário). Daí que o procedimento de concurso legalmente previsto para esta situação seja obrigatoriamente o do *concurso limitado* (art. 8.º, n.os 5 e 6);

b) Não está totalmente preenchida a sua dotação global: 6 lugares ocupados logo *4 vagas*:

Ex.:

Quadro
Assist. Adm. Espec.
Assist. Adm. Princ. e
A. Administrativo   10
(4 vagas)

Neste caso, há que verificar em concreto a existência de uma das seguintes hipóteses:

1.º Se o número de lugares vagos (4) existentes no quadro de pessoal for igual ou inferior ao número de funcionários do serviço ou quadro único em condições de se candidatarem (4 ou mais candidatos), o dirigente competente para autorizar a abertura do concurso de acesso pode optar entre *concurso interno geral e o limitado*.

2.º Se o número de lugares vagos (4) existentes no quadro de pessoal for maior que o número de funcionários dos serviços ou quadro único em condições de se candidatarem, o dirigente competente para autorizar a abertura do concurso de acesso pode optar entre *concurso interno geral e o misto* (três ou menos candidatos).

Há, porém, quem entenda que, partindo do disposto no art. 8.º, n.os 5 e 6, no caso de carreiras verticais com dotação global que não se encontrem totalmente preenchidas, dever-se-á seguir, a *contrario sensu* e por exclusão de partes, o concurso interno geral, porquanto são da opinião que as regras contidas nos preceitos suprareferidos se reportam especificamente a casos ou situações de quadros não circulares. Trata-se, a nosso ver, de um entendimento que, pela sua lógica, nos parece merecedor de igual acolhimento legal, beneficiando da vantagem da sua aplicação prática ser clara e linear sem qualquer margem para dúvidas ou equívocos. Quando as vagas existentes num quadro circular não são referenciáveis a categorias específicas torna-se muito difícil a aplicação aqui das condições definidas no art. 8.º, n.os 1 e 2, precisamente pelo facto de aquele quadro possuir uma dotação global para todas as categorias duma mesma carreira. Daí a nossa preferência por este último entendimento.

2.º) *Quadro não Circular:* caracteriza-se por possuir uma dotação de lugares por cada uma das categorias em que se desdobra a respectiva carreira.

Imagine-se o seguinte cenário de distribuição de lugares vagos:

Ex.:

Quadro		
Assist. Adm. Espec.	3	2 vagas
Assist. Adm. Princ.	6	3 vagas
A. Administrativo	8	4 vagas

Total de vagas = 9

1.ª Hipótese – Há 3 Assistentes Administrativos Principais em condições de serem opositores a concurso para Assistentes Administrativos Especialistas, existindo aqui 2 vagas. Há assim 2 vagas e 3 candidatos (2 < 3).

Neste caso, aplicando a regra do art. 8.º, n.º 1, temos que o número de lugares vagos existentes no quadro de pessoal em apreço é inferior ao número de funcionários do serviço ou quadro único em condições de se candidatarem àqueles lugares específicos, o que habilita assim o dirigente a poder optar entre:

a) *Concurso Interno de Acesso Geral;*
b) *Concurso Interno de Acesso Limitado.*

2.ª Hipótese – Há 3 Assistentes Administrativos em condições de se candidatarem a 3 vagas de Assistentes Administrativos Principais (3 = 3).

Continua-se a aplicar a regra do art. 8, n.º 1, podendo o dirigente optar logo entre:

a) *Concurso Interno de Acesso Geral;*
b) *Concurso Interno de Acesso Limitado.*

3.ª Hipótese – Há apenas 2 Assistentes Administrativos em condições de se candidatarem àquelas 3 vagas de Assistentes Administrativos Principais (3 >2).

Neste caso aplica-se a regra do n.º 2 do art. 8.º, cabendo ao dirigente optar entre :

a) Concurso Interno de Acesso Geral;
b) Concurso Interno de Acesso Misto.

Nota – Obviamente se o quadro não circular estiver totalmente preenchido não há pura e simplesmente lugar a qualquer concurso interno de acesso por inexistência de vagas.

Em resumo temos a seguinte ***Tipologia dos Concursos.***

a) ***Classificação com base no critério da origem dos candidatos*** (art. 6.º, n.º 1):

1.º Externo – aberto a todos os indivíduos (art. 6.º, n.º 1).

2.º Interno – aberto a funcionários e agentes que, a qualquer título, exerçam funções correspondentes, a necessidades permanentes há mais de 1 ano nos serviços e organismos referidos no n.º 1 do art. 2.º (art. 6.º, n.º 1).

b) ***Classificação com base no critério da natureza das vagas*** (art. 6.º, n.º 2):

*1.º **Ingresso** –* quando o concurso vise o preenchimento de lugares das categorias de base.

*2.º **Acesso** –* quando o concurso vise o preenchimento das categorias intermédias e de topo das respectivas carreiras.

c) **Classificação baseada no cruzamento daqueles dois critérios:**

1.º *Concurso Externo de Ingresso* – este concurso é sempre de ingresso na função pública, geralmente feito para uma categoria de base, embora se admita legalmente que tal ingresso se possa operar logo para uma categoria de acesso.

2.º *Concurso Interno:*

*a) **Ingresso** –* aberto «a funcionários ou agentes que, a qualquer título, exerçam funções correspondentes a necessidades permanentes há mais de um ano nos serviços e organismos referidos no n.º 1 do artigo 2.º» (art. 6.º, n.º 3).

*b) **Acesso** –* aberto apenas a funcionários e visando o preenchimento de categorias intermédias e de topo das respectivas carreiras.

No âmbito deste *Concurso Interno de Acesso* podemos subdistinguir:

1.º *Concurso Interno de Acesso Geral* – é o que é aberto a todos os funcionários.

2.º *Concurso Interno de Acesso Limitado* – aberto apenas aos funcionários do próprio serviço ou quadro para o qual é aberto concurso.

3.º *Concurso Interno de Acesso Misto* – quando no mesmo concurso se prevêem duas quotas distintas de vagas destinadas, respectivamente, a funcionários pertencentes ao serviço ou quadro único para o qual o concurso é aberto e a funcionários que a ele não pertençam.

13. *Objectivos do concurso.* De acordo com o preceituado no art. 7.º do Dec.-Lei n.º 204/98 o concurso pode ter um dos seguintes objectivos:

a) Destinar-se "ao preenchimento de todos ou alguns dos *lugares vagos* existentes à data da sua abertura" (al. a) daquele preceito);

b) Visar o "preenchimento dos **lugares** *vagos existentes e dos que vierem a vagar até ao termo do prazo de validade do concurso"* (al. b) do art. 7.º em análise); este prazo é fixado pela entidade competente para autorizar a abertura do concurso entre um mínimo de 3 meses e um máximo de 1 ano. (vd. art. 10.º, n.º 1);

c) Ter como fim o **"preenchimento dos lugares vagos existentes e dos que vierem a vagar até um número limite** previamente fixado no aviso de abertura, desde que este número se verifique até ao termo do prazo de validade" (al. c) do art. 7.º);

d) Destinar-se **"à constituição de** *reservas de recrutamento* com vista à satisfação de necessidades previsionais de pessoal, no caso de não existirem vagas à data da sua abertura, mas no pressuposto de que estas ocorrerão até ao termo do prazo de validade" (al. d) do art. 7.º).

14. *Competência para autorizar a abertura do concurso.* O art. 9.º distingue neste ponto três casos de competência, a saber:

a) A do dirigente máximo do serviço competente para a sua realização (al. a));

b) A do director-geral ou equiparado que tem a seu cargo o recrutamento e gestão de pessoal do respectivo ministério (al. b));

c) A "do director-geral da Administração Pública, no caso de centralização de recrutamento nos termos do art. 11.º, ou seja, quando, por resolução do Conselho de Ministros, *o recrutamento para categorias de ingresso for centralizado* naquela Direcção-Geral de Administração Pública. "As categorias a abranger e o regime a que deve obedecer o recrutamento centralizado constam de diploma próprio" (art. 11.º, n.º 2).

No que diz respeito à Administração Regional dos Açores esclarece o DLR n.º 27/99/A, de 31 de Julho, diploma que procedeu à adaptação do regime geral de recrutamento e selecção de pessoal para aquela Administração Pública Regional, que é competente aí para autorizar a abertura do concurso:

a) O dirigente máximo do serviço competente para a sua realização;

b) O director regional equiparado que tiver a seu cargo o recrutamento e gestão de pessoal do respectivo departamento do governo regional;

c) O director regional de Organização e Administração Pública no caso de centralização de recrutamento para categorias de ingresso decidida por resolução do governo regional.

Quanto à Região Autónoma da Madeira, através da sua Resolução n.º 1014/98, de 11 de Agosto, publicada no Jornal Oficial Regional (caracterizada por uma duvidosa legalidade e mesmo constitucionalidade em virtude da opção aí seguida de manter em vigor as soluções constantes do diploma regional que adaptou à Madeira e à sua Administração Pública o anterior regime de concursos consubstanciado no Dec.-Lei n.º 498/88, de 30 de Dezembro, entretanto revogado), atribuiu-se a competência para autorizar a abertura do concurso às seguintes entidades:

a) Ao "membro do Governo Regional competente para a sua realização" (art. 2.º, al. a) do DLR n.º 14/89/M, de 6 de Junho);

b) Ao "Secretário Regional da Administração Pública, no caso de centralização de recrutamento para categorias de ingresso de carreiras comuns à Administração Pública", nos termos do art. 11.º do Dec.-Lei n.º 204/98, de 11 de Julho.

Quanto à Administração Local a competência para autorizar a abertura do concurso cabe:

a) Ao Presidente da Câmara Municipal – nas câmaras municipais, (art. 4.º, n.º 1, al. a) do Dec.-Lei n.º 238/99, de 25 de Junho);

b) Ao Conselho de Administração – no caso dos serviços municipalizados, uma vez que se trata do órgão dirigente máximo dos serviços. (art. 4.º, n.º 1, al. b) do Dec.-Lei n.º 238/99, de 25 de Junho);

c) À Junta de Freguesia – nas freguesias (art. 4.º, n.º 1, al. c) do Dec.-Lei n.º 238/99, de 25 de Junho);

d) À Assembleia Distrital – nas assembleias distritais (art. 4.º, n.º 1, al. d) do Dec.-Lei n.º 238/99, de 25 de Junho).

15. *Prazo de validade do concurso*: é fixado pela entidade competente para autorizar a sua abertura entre um mínimo de 3 meses e um máximo de 1 ano. Claro está que os concursos abertos para o preenchimento das vagas existentes vêem o seu prazo de validade condicionado e caducado com o respectivo preenchimento (art. 10.º, n.ºs 1 e 4).

Até ao fim do prazo de validade do concurso, os lugares postos a concurso ficam cativos, isto é, não podem ser preenchidos por transferência por exemplo, "independentemente da data do respectivo provimento" (art. 10.º, n.º 2).

A contagem do prazo de validade do concurso inicia-se a partir da data da publicação da lista de classificação final (art. 10.º, n.º 3).

16. *Programa das Provas*. De acordo com o disposto no art. 21.º os programas de provas de conhecimentos são aprovados, ao nível da *Administração Pública Central, por despacho*:

a) Do membro do Governo que tiver a seu cargo a Administração Pública, quando se trate de aprovação do programa das provas de conhecimentos gerais (art. 21.º, n.º 1);

b) Conjunto do membro do Governo que tem a seu cargo a Administração Pública e do membro do Governo com a tutela sobre o órgão ou serviço em causa, quando se trate de aprovação do programa das provas de conhecimentos específicos destinado a uma realidade orgânica e administrativa concreta (art. 21.°, n.° 3).

Neste âmbito do programa de provas, foram introduzidas duas novidades normativas, a saber:

a) A primeira prende-se com a obrigatoriedade da existência de temas relativos aos direitos e deveres da função pública e à deontologia profissional no programa de provas de conhecimentos gerais (art. 21.°, n.° 2);

b) A segunda tem a ver com a existência de uma figura de delegação de competência feita pela própria lei e não por via de um acto administrativo, como é a regra (veja-se o disposto no Código do Procedimento Administrativo-CPA, sobre a delegação de competências); trata-se de uma competência originariamente atribuída ao membro do Governo que tem a seu cargo a Administração Pública para aprovação dos programas das provas de conhecimentos que é delegada *ope legis* no director-geral da Administração Pública (art. 21.°, n.° 4).

Na *Região Autónoma dos Açores*, os programas das provas de conhecimentos, bem como os conteúdos funcionais e a definição dos métodos de selecção a utilizar para cada categoria, são aprovados por:

a) Despacho conjunto do membro do Governo Regional que tiver a seu cargo a Administração Pública e do membro do Governo Regional da tutela, devendo aquele despacho conter os elementos enunciados no art. 2.°, n.° 3 do DLR n.° 27/99/A, de 31 de Julho;

b) Após obtenção do necessário parecer prévio pelos serviços dependentes daquele primeiro membro do Governo Regional (art. 2.°, n.° 1 do DLR n.° 27/99/A, de 31 de Julho).

Este parecer deverá ser proferido num prazo de 30 dias úteis (art. 2.°, deste diploma). Quem, por sua vez, elabora aquele programa de provas são os serviços e organismos competentes para realizar as acções de recrutamento e selecção.

Quanto ao programa das provas (bem como a definição do conteúdo funcional e dos métodos de selecção a utilizar) dos concursos centralizados nos serviços dependentes do Secretário Regional Adjunto da Presidência será aprovado por despacho deste membro do Governo Regional dos Açores (art. 2.°, n.° 7 do DLR n.° 27/99/A, de 31 de Julho). «No aviso de abertura do concurso deverá fazer-se, obrigatoriamente, menção expressa ao regulamento de concursos e ao programa de provas, se for caso disso» (art. 2.º, n.º 4 do DLR n.º 27/99/A, de 31 de Julho).

Quanto à Região Autónoma da Madeira, tendo presente que o D.L.R. n.º 14/89/M, de 6 de Junho, não especificava quais as entidades que exerciam as competências previstas no art. 7 do Dec.-Lei n.º 498/88, ao nível da sua Administração Regional, por analogia deve entender-se que *na Madeira os programas das provas de conhecimentos são aprovados por despacho*:

a) Do Secretário Regional da Administração Pública, quando se trate da aprovação do programa das provas de conhecimentos gerais (art. 21.º, n.º 1 do Dec.-Lei n.º 204/98, de 11 de Julho; vd. ainda a Resolução n.º 1014/98, in JORAM, n.º 53, 1.ª Série, de 11 de Agosto de 1998);

b) Conjunto daquele Secretário Regional e do membro do Governo Regional com tutela sobre o órgão ou serviço em causa, quando se trate da aprovação do programa de provas de conhecimentos específicos (art. 21.º, n.º 3 do Dec.-Lei n.º 204/98).

No que diz respeito à Administração Local as competências previstas no art. 21.º em matéria de aprovação dos programas das provas de conhecimentos consideram-se reportadas:

a) Nas Câmaras Municipais, aos respectivos presidentes da Câmara (art. 4.º, n.º 2, al. a) do Dec.-Lei n.º 238/99, de 25 de Junho);

c) Nos serviços municipalizados, aos Conselhos de Administração (art. 4.º, n.º 2, al. b) do Dec.-Lei n.º 238/99, de 25 de Junho);

d) Nas freguesias às suas juntas (art. 4.º, n.º 2, al. c) do Dec.-Lei n.º 238/99, de 25 de Junho);

e) Nas assembleias distritais às respectivas assembleias (art. 4.º, n.º 2, al. c) do Dec.-Lei n.º 238/99, de 25 de Junho).

IV
O PROCEDIMENTO ADMINISTRATIVO DO CONCURSO DE PESSOAL NA FUNÇÃO PÚBLICA E A AUDIÊNCIA DOS INTERESSADOS FASES DO PROCESSO DO CONCURSO

O procedimento do concurso, como forma de recrutamento e selecção de pessoal para os quadros da Administração Pública, vem regulado quanto à sua tramitação, no Dec.-Lei n.º 204/98, absorvendo todo o seu Capítulo III. Nesta sua tramitação podemos descortinar e autonomizar diversas fases, ordenando-as da seguinte forma:

1ª Fase – *Da elaboração do despacho de autorização de abertura de concurso.*

2ª Fase – *Da elaboração e publicitação do aviso de abertura de concurso.*

3ª Fase – *Da elaboração e publicitação da relação de candidatos.*

4ª Fase – *Da aplicação dos métodos de selecção.*

5ª Fase – *Da classificação e ordenação dos candidatos.*

6ª Fase – *Da audência prévia sobre a acta que contém a classificação e ordenação final dos candidatos.*

7ª Fase – *Da homologação da acta da classificação final dos candidatos.*

8ª Fase – *Da publicitação da lista de classificação final.*

9ª Fase – *Do provimento.*

Vejamos então cada uma destas fases do procedimento do concurso de pessoal na função pública.

1.ª Fase – Da elaboração do despacho de autorização de abertura de concurso.

a) *O processo de concurso de pessoal na função pública inicia-se com a elaboração do despacho de autorização de abertura.*

Quem é que é competente para elaborar tal despacho, isto é, para autorizar a abertura do concurso?

De acordo com o art. 9.º a entidade com *competência para autorizar a abertura do concurso é*:

1.º "O dirigente máximo do serviço competente para a sua realização"; este preceito abrange aqui os presidentes dos conselhos de administração dos institutos públicos (art. 9.º, al. a) do Dec.--Lei n.º 204/98);

2.º "O director-geral ou equiparado que tem a seu cargo o recrutamento e gestão do pessoal do respectivo ministério" (art. 9.º, al. b));

3.º "O director-geral da Administração Pública, no caso de centralização de recrutamento" para categorias de ingresso «nos termos do art. 11.º» (art. 9.º, al. c)).

O art. 11 do Dec.-Lei n.º 204/98, no seguimento daquilo que já vinha salientado no próprio preâmbulo do Dec.-Lei n.º 498/88, manteve e até reforçou nos directores-gerais a competência para abertura de concursos. Em caso de delegação dessa competência, a entidade delegada deverá indicar expressamente no respectivo despacho de abertura que o faz no uso da competência que lhe foi delegada (arts. 35.º e seguintes do C.P.A.; cfr. art. 38.º do C.P.A.).

b) *Objectivos da abertura de concurso.* A entidade competente para autorizar a abertura de concurso terá que definir quais os objectivos que pretende atingir com a realização daquele concurso, isto é, se pretende abrir concurso para:

1.º Preenchimento de todos ou alguns dos lugares vagos existentes à data da abertura do mesmo (art. 7.º, al. a));

2.º Preenchimento dos lugares vagos existentes ou dos que vierem a vagar no decurso do respectivo prazo de validade (art. 7.º, al. b));

3.º "Preenchimento dos lugares vagos existentes e dos que vierem a vagar até um número limite previamente fixado no aviso de abertura, desde que este número se verifique até ao termo do prazo de validade" (art. 7.º, al. c));

4.º "Constituição de reservas de recrutamento, com vista à satisfação de necessidades previsionais de pessoal, no caso de não existirem vagas à data da sua abertura, mas no pressuposto de que estas ocorrerão no decurso do prazo de validade" do concurso (art. 7.º, al. d)).

Note-se bem que só há lugar à abertura de um concurso para lugares que vierem a vagar desde que o mesmo abranja obrigatoriamente o preenchimento de lugares vagos existentes à data da sua abertura.

c) **Tipologia de concursos a seguir.** Definidos que estejam *a priori* os objectivos do concurso por parte da entidade competente para autorizar a sua abertura, cabe-lhe também especificar quais as carreiras e respectivas categorias que se pretendem satisfazer com a realização desse mesmo concurso, e a partir daí definir então, e nos termos legais, o tipo de concurso a seguir.

De acordo com o disposto no art. 6.º a entidade competente para autorizar a abertura de concurso terá que optar por um dos vários tipos legais de concursos previstos, a saber:

1.º Concurso externo (art. 6.º, n.º 1);

2.º Concurso interno:
- *a)* de ingresso (art. 6.º, n.º 3);
- *b)* de acesso:
  - **1.º** geral (art. 6.º, n.º 4, al. a);
  - **2.º** limitado (art. 6.º, n.º 4, al. b));
  - **3.º** misto (art. 6.º, n.º 4, al. c)).

Nessa opção terão de ser respeitadas as condições legalmente impostas para a abertura de concursos de acesso previstas no art. 8.º.

No caso de se optar pela abertura de um *concurso externo,* para além da verificação da existência de dotação orçamental para o preenchimento da vaga ou vagas postas a concurso, terá o dirigente com competência para autorizar a abertura do mesmo que se certificar previamente de que houve descongelamentos das categorias cujos lugares se pretendem prover. Vd. Dec.-Lei n.º 41/84, de 3 de Fevereiro, diploma que se refere à criação e reorganização de serviços e ao controlo de efectivos e descongestionamento da função pública. Foi adaptado à Região Autónoma dos Açores através do DLR n.º 5/87/A, de 26 de Maio, e à Madeira por via do DLR n.º 13/85/M, de 18 de Junho (seu art. 27.º foi entretanto revogado pelo DLR n.º 8/2000/M, de 14 de Abril).

d) **Elaboração do despacho de abertura do concurso.**

A entidade competente para autorizar a abertura do concurso, após ter definido os objectivos que pretende satisfazer com a realização desse mesmo concurso, qual o seu tipo e as categorias, referenciadas por carreiras, que se querem pôr a concurso, procederá de seguida à elaboração do consequente *despacho autorizador da abertura do concurso*, no qual devem constar aqueles elementos de enquadramento e orientação da elaboração do aviso de abertura.

No final do despacho segue-se a indicação do local e data da assinatura da entidade competente para autorizar a abertura do concurso, fechando-se o mesmo naturalmente com a assinatura daquela entidade.

Tendo em conta o disposto nos arts. 6.º, 7.º, 8.º, 9.º, 10.º e 13.º do Dec.-Lei n.º 204/98, somos do entendimento de que naquele despacho de autorização de abertura de concurso dever-se-á fazer sempre referência expressa aos seguintes aspectos:

1.º Tipo de concurso que se pretende abrir (arts. 6.º e 8.º);
2.º Os objectivos prosseguidos com a sua abertura (art. 7.º);
3.º As categorias, com referência às respectivas carreiras, postas a concurso (art. 8.º);
4.º A constituição e composição do júri de concurso (art. 13.º);
5.º Prazo de validade do concurso (art. 10.º).

O art. 13.º parece querer fixar claramente a obrigatoriedade de no despacho de autorização de abertura do concurso ter de constar a constituição e a composição do júri. Assim, *na elaboração do despacho, ou melhor dizendo, no próprio despacho deverá fazer-se igualmente referência:*

1.º *Ao número de membros do júri.* De acordo com o art. 12.º, n.º 1 o júri é composto por um presidente e por dois ou quatro vogais efectivos, garantindo-se assim um número ímpar na composição do mesmo, o que facilita sempre o sentido positivo do voto (em caso de empate fica o presidente com o voto de qualidade para determinar o sentido final da votação);

2.º *Aos nomes e cargos ou lugares de cada um dos membros do júri* (art. 13.º, n.ºs 1 e 12.º, n.ºs 2 e 3);

3.º *A quem é o Presidente do Júri*, presidente este que, nos termos do art. 12.º, n.º 3 «não pode ter categoria inferior à categoria para que é aberto concurso, excepto no caso de exercer cargo dirigente»;

4.º *Ao vogal efectivo que substituirá o presidente nas suas faltas e impedimentos* (art. 13.º, n.º 2);

5.º *Aos vogais suplentes*, em número idêntico ao dos efectivos, para as situações de falta e impedimentos destes (art. 13.º, n.º 2).

e) **Em matéria de constituição e composição do júri convém salientar ainda três aspectos mais, a saber:**

1.º *Que nenhum dos demais membros do júri poderá ter categoria inferior àquela para que é aberto concurso «excepto no caso de exercerem funções dirigentes»* (art. 12.º, n.ºs 2 e 3);

2.º Que a composição do júri pode, agora, ser alterada em qualquer fase do processo de concurso, mediante a invocação de *motivos ponderosos e devidamente fundamentados, «nomeadamente em caso de falta de quórum»* (art. 12.º, n.º 6); neste caso, o novo júri dará continuidade às operações de concurso, assumirá integralmente os critérios definidos e aprovará o processado até aí (art. 12.º, n.º 7); recorde-se que antigamente o Dec.-Lei n.º 498/88 não admitia qualquer alteração da composição do júri fixada originariamente no aviso de abertura a partir do momento em que se desse início à fase da aplicação dos métodos de selecção.

3.º Que «os membros do júri devem estar integrados na área ou áreas funcionais para as quais é aberto o concurso em maior número possível» (art. 12.º, n.º 4).

Uma nota ainda quanto à constituição do júri. De acordo com o art. 12.º, n.º 5, «o júri é obrigatoriamente estranho ao serviço para o qual o concurso é aberto» quando o respectivo «director-geral, sub-director geral ou titular do cargo equiparado seja opositor a concurso».

f) No que diz respeito ao **funcionamento do júri** preceitua o art. 15.º que:

1.º *O júri só pode funcionar* **com a presença de todos os seus membros**, sendo as respectivas deliberações tomadas validamente por maioria e sempre por votação nominal (art. 15.º, n.º 1); com a nova redacção do art. 23.º do CPA, introduzida pelo Dec.-Lei n.º 6/96, de 31 de Janeiro, que veio circunscrever a proibição da abstenção aos membros dos órgão colegiais consultivos, tornou-se de novo possível a abstenção por parte dos membros do júri do concurso nas decisões que venha a tomar uma vez que este órgão tem natureza deliberativa e não consultiva; os membros do júri que tiverem voto de vencido podem fazer constar da acta as razões que o levaram a tomar tal voto, registo este que os isenta de eventuais responsabilidades que possam resultar da deliberação relativamente à qual se manifestaram contra (art. 28.º CPA); quanto às formas de votação, e empate nela, vejam-se os arts. 24.º a 26.º do CPA;

2.º *O júri tem de lavrar actas das suas reuniões*, das quais constem os fundamentos das decisões tomadas, (art. 15.º, n.º 2); «as actas devem ser presentes, em caso de recurso, à entidade que sobre ele tenha que decidir» (art. 15.º, n.º 3);

3.º *O júri tem de garantir a todos os interessados o acesso às actas das suas reuniões* e aos documentos em que as suas deliberações assentaram (art. 16.º, n.º 1);

4.º O júri deverá passar no prazo de 3 dias úteis, contado da data da entrada do requerimento, as certidões ou reproduções autenticadas das actas e dos documentos em que assentam as deliberações do júri (art. 16.º, n.º 2);

5.º O júri poderá ser secretariado quer por um vogal por ele escolhido, quer por um qualquer funcionário a designar para o efeito (art. 15.º, n.º 4).

NOTA: A título meramente informativo refira-se que o art. 9.º, n.º 4, na sua primitiva redacção, constante do Dec.-Lei n.º 498/88, foi declarado inconstitucional. Aí se dizia que os interessados – recorrentes – teriam "acesso, em caso de recurso, à *parte das actas*" em que vinham definidos os factores e critérios de apreciação aplicáveis a todos os candidatos, bem como àquela parte em que os recorrentes eram directamente apreciados. Através dos Acordãos n.º 193/92, sobre o processo n.º 265/91, n.º 156/92, sobre o processo n.º 221/91 e n.º 231/92, sobre o processo n.º 94/90, todos do Tribunal Constitucional, publicados respectivamente nos Diários da República, 2.ª Série, n.º 195, de 28/08/92, n.º 202, de 02/09/92 e n.º 255, de 04/11/92, pronunciou-se aquele órgão pela inconstitucionalidade do preceito contido no art. 9.º, n.º 4 do Dec.-Lei n.º 498/88. Entendeu, e bem, o Tribunal Constitucional que as actas deviam, e devem, ser no seu todo visionáveis pelos interessados em caso de recurso, porquanto só assim se permitiria uma válida e consequente defesa dos interesses dos candidatos lesados (art. 268.º da C.R.P. e art. 61.º do C.P.A.). O Dec.-Lei n.º 215/95, que então alterou o Dec.-Lei n.º 498/88, acabou por adoptar este entendimento.

g) **Quanto à *competência do júri*** determina-se que:

1.º O júri é responsável por todas as operações do concurso, sendo assegurada hoje a prevalência das tarefas próprias do júri, ressalvadas as situações de urgência, «sobre todas as outras tarefas, incorrendo os seus membros em responsabilidade disciplinar quando não cumpram, injustificadamente, os prazos previstos no presente diploma ou não procedam com a celeridade adequada à natureza do procedimento de recrutamento e selecção» (arts. 14.º, n.º 1 e 17.º);

2.º Os serviços podem, sob proposta do júri, solicitar «à Direcção-Geral da Administração Pública ou a outras entidades públicas ou privadas especializadas na matéria, ou detentoras de conhecimentos técnicos específicos exigíveis para o exercício das funções para que é aberto o concurso, a realização de todas ou parte das operações de concurso» (art. 14.º, n.º 2);

3.º O júri poderá solicitar aos serviços a que pertençam os concorrentes os elementos que entender necessários, designadamente os seus processos individuais, bem como exigir aos candidatos a apresentação de documentos comprovativos de factos por eles referidos, relevantes para a apreciação do seu mérito (art. 14.º, n.ᵒˢ 3 e 4).

MINUTA 1

DESPACHO DE AUTORIZAÇÃO DE ABERTURA DE CONCURSO ([1])

Autorizo a abertura de um concurso ....([2]),
para ....([3]), ...([4]).

O júri do concurso é composto por ([5]):

Presidente ....([6])
Vogais..([7])
Vogais suplentes..............................([8])

Local ...., data ....

Assinatura ([9])

NOTAS EXPLICATIVAS

([1]) O despacho é lavrado por quem tem competência legal para o efeito, seja ela competência originária ou delegada (art. 10.º). Quanto à figura jurídica da delegação de competências veja-se o disposto nos arts. 38.° e seguintes do C.P.A.. Quando no uso de competência delegada, dessa delegação se deve fazer menção expressa no despacho de abertura do concurso.

([2]) Identificação do tipo de concurso que se pretende abrir (arts. 6.° e 8.°).

([3]) Indicação do número de lugares vagos existentes postos a concurso em termos de categorias e respectivas carreiras, podendo este abranger ou não lugares que vierem a vagar na pendência do prazo de validade que lhe for fixado; ou ainda, se for caso disso, a indicação de que o concurso se destina à constituição de reservas de recrutamento (art. 7.°). Das als. a) a c) do art. 7.° resulta que só há lugar à abertura de um concurso para lugares que vierem a vagar desde que esse mesmo concurso tenha sido aberto para o preenchimento de um ou vários lugares já vagos à data da sua abertura.

([4]) Indicação do serviço a que o concurso diz respeito, ou indicação do local efectivo de trabalho.

([5]) Menção expressa da constituição e composição do júri do concurso (art. 13.°, n.° 1).

([6]) Indicação do nome completo do presidente do júri e da sua categoria profissional na função pública (art. 12.°, n.° 3 e 13.°, n.°1).

([7]) Indicação dos 2 ou 4 nomes e categorias profissionais dos vogais efectivos do júri, mencionando-se expressamente qual o vogal efectivo que substituirá o presidente nas suas faltas e impedimentos (art. 13.°, n.° 2).

([8]) Referência expressa aos nomes e categorias profissionais dos 2 ou 4 vogais suplentes do júri do concurso (art. 13.°, n.° 2).

([9]) Assinatura da entidade competente para autorizar a abertura do concurso.

2.ª Fase – Da elaboração e publicitação do aviso de abertura de concurso

a) *Elaboração do aviso de abertura de concurso*. Logo que a entidade competente para autorizar a abertura do concurso emita despacho nesse sentido deve o júri do concurso – ou os serviços administrativos, a pedido daquele – proceder de imediato à elaboração do aviso de abertura de concurso e à sua consequente publicitação nos termos legais. Realce-se, porém, que neste último caso – de elaboração do aviso pelos serviços administrativos, a responsabilidade última por este acto é sempre do júri do concurso nomeado uma vez que é a ele que compete "a realização de todas as operações do concurso" (art. 14.°, n.° 1), logo a responsabilidade pelo que de errado for feito neste plano da elaboração do aviso de abertura (art. 17.°).

O art. 27.° indica expressamente aquilo que deve obrigatoriamente constar do aviso de abertura de concurso, isto é, o seu *conteúdo obrigatório*. A fixação do prazo para apresentação de candidaturas aí mencionado não é, porém, da competência do júri do concurso mas sim da entidade competente para autorizar a sua abertura (art. 32.º, n.º 1). Além disso, a entidade com competência para autorizar a abertura do concurso, no caso de concurso externo, deve certificar-se ainda da existência prévia de despacho de descongelamento dos lugares postos a concurso, caso contrário o acto que determinar a abertura do concurso sem a observância daquele descongelamento encontrar-se-á ferido de ilegalidade como resultado de "violação de lei" (um dos vícios do acto administrativo) sobre esta matéria, lei essa consubstanciada no Dec.-Lei n.º 41/84, de 3 de Fevereiro.

Refira-se a este propósito que o anterior diploma sobre concursos, o Dec.-Lei n.º 498/88, de 30 de Dezembro, chegava mesmo a prever a sanção da inexistência jurídica para os concursos externos que fossem abertos sem que tivessem sido precedidos do necessário despacho de descongelamento dos lugares objecto daqueles mesmos concursos (art. 13.º deste diploma revogado). O Dec.-Lei n.º 204/98, de 11 de Julho é omisso quanto a esta matéria, pelo que a sanção para esta ilegalidade dever-se-á procurar no âmbito do Código do Procedimento Administrativo, mormente ao nível do preceito respeitante aos actos administrativos anuláveis, ou seja, o art. 135.º.

Igualmente, se previa no anterior diploma de concursos a obrigatoriedade da entidade competente para a abertura do concurso providenciar, antes de proceder à sua abertura, no sentido da consulta da Direcção-Geral da Administração Pública e do seu Quadro de Efectivos Interdepartamentais (QEI) sobre a existência de excedentes ou de funcionários ou agentes considerados subutilizados, qualificados para o exercício das correspondentes funções, caso contrário era o respectivo concurso sancionável também com a inexistência jurídica (art. 13.º, do Dec.-Lei n.º 498/88).

O Dec.-Lei n.º 204/98 deixou também de fazer qualquer referência a este aspecto, talvez em virtude do facto de se ter operado entretanto a revogação do Dec.-Lei n.º 247/92, de 7de Novembro, sobre a racionalização do emprego dos recursos humanos da Administração Pública (diploma que criou precisamente o Quadro de Efectivos Interdepartamentais), pelo Dec.--Lei n.º 14/97, de 17 de Janeiro.

Contudo, face à publicação do Dec.-Lei n.º 13/97, de 17 de Janeiro, que criou na Direcção-Geral da Administração Pública o Departamento da Reclassificação, Reconversão e Colocação de Pessoal, que absorveu as tarefas e responsabilidades anteriormente cometidas ao QEI (vd. art. 12.º do Dec.-Lei n.º 14/97, de 17 de Janeiro), devem, a nosso ver, os organismos e serviços da Administração Central continuar a *consultar previamente a Direcção-Geral da Administração Pública* antes de procederem à abertura de qualquer concurso externo, nos termos e para efeitos do disposto no seu art. 19.º, sob pena de serem consideradas «nulas as nomeações efectuadas com preterição do disposto nos n.ºs 1 e 3» deste mesmo art. 19.º do Dec.-Lei n.º 13/97, de 17 de Janeiro.

MINUTA 2

AVISO DE ABERTURA DE CONCURSO

..................................(¹)

AVISO

1. Nos termos do art. 27.º do Decreto-Lei n.º 204/98, de 11 de Julho (*A*), torna-se público que, por despacho de autorização do .... (²) (*B*), se encontra aberto, pelo prazo de .... (³), a contar da publicação do presente Aviso (*C*), concurso .... (⁴), o qual se destina .... (⁵), do quadro de pessoal da .... (⁶), aprovado pelo .... (⁷).

2. O prazo de validade é de .... (⁸).

3. Conteúdo funcional .... (⁹).

4. Local de trabalho .... (¹⁰).

5. Remunerações e outras condições de trabalho: .... (¹¹).

6. Requisitos gerais e especiais de admissão: .... (¹²).

7. Formalização das candidaturas:
7.1. Os requerimentos de admissão a concurso deverão ser feitos em papel adequado (¹³) e conter os seguintes elementos:
a) Identificação completa (nome, filiação, naturalidade, data do nascimento, número e data do bilhete de identidade, bem como o serviço ou arquivo que o emitiu, situação militar, residência, código postal e telefone);

b) Habilitações literárias (com a identificação da média final do curso);
c) Habilitações profissionais (cursos de formação, seminários, colóquios, etc.);
d) Experiência profissional (com a indicação de duração da mesma, discriminação das funções que exerceu com mais interesse para o lugar a que se candidata, menção expressa da categoria e serviço que ocupa e pertence, natureza do vínculo contratual e a antiguidade na actual categoria e na função pública, se for caso para isso);
e) Quaisquer outros elementos que os candidatos considerem relevantes para a apreciação do mérito respectivo ([14]).

7.2. Os requerimentos devem ser acompanhados dos seguintes documentos ([15]).

7.3. É dispensável a apresentação dos documentos .... ([16]), desde que os candidatos declarem no requerimento, sob compromisso de honra, a situação em que se encontram relativamente a cada um dos requisitos gerais e especiais de admissão ([17]).

7.4. Os requerimentos deverão ser endereçados a .... ([18]), podendo ser entregues pessoalmente no serviço, durante as horas normais de expediente, até ao último dia do prazo estabelecido no aviso ([19]), ou ainda serem enviados pelo correio, com aviso de recepção, atendendo-se, neste último caso, à data do registo ([20]).

8. Métodos de selecção: serão utilizados os seguintes métodos de selecção ([21]).

9. A relação de candidatos e a lista de classificação final serão afixadas, se for caso disso, ... ([22]).

10. O júri do concurso terá a seguinte composição ([23]):
Presidente.. (nome e categoria)
Vogais efectivos .... (nome e categoria) ([24])
Vogais suplentes.. (nome e categoria)

11. ([25])

Data ...., assinatura .... ([26]).

NOTAS EXPLICATIVAS

([1]) Identificação do serviço a que se refere o aviso de abertura do concurso (art. 27.º, n.º 1, al. d)).

(A) No caso do concurso ser aberto pelas *Administrações Regionais dos Açores ou da Madeira ou pela Administração Local*, dever-se-á também fazer referência expressa aos diplomas legais que adaptam o regime jurídico de recrutamento e selecção previsto no Dec.-Lei n.º 204/88 às respectivas realidades administrativas.

(²) Embora nada se diga expressamente nesse sentido no art. 27.º no aviso de abertura de concurso deve-se fazer referência ao despacho de autorização de abertura do concurso, identificando-o pela titularidade do seu autor e respectiva data. No caso do despacho ser emitido no uso de competência delegada, desse facto se deverá fazer menção expressa no aviso (art. 38.º do C.P.A.).

No caso de estarmos perante um *Concurso Externo* dever-se-á, de seguida, fazer referência expressa ao *Despacho de Descongelamento* dos lugares postos a concurso.

(B) No caso do *Concurso Externo* ser aberto pela *Administração Pública dos Açores* terá de se fazer referência à *Resolução de Descongelamento do respectivo Governo Regional*.

Se o *Concurso Externo* for aberto pela *Administração Pública da Madeira* é obrigatória a referência ao *despacho normativo de descongelamento* do Secretário Regional das Finanças.

Quanto aos **Concursos Externos** na *Administração Local,* se estes concursos se referirem ao ingresso na carreira de assistente administrativo, do aviso de abertura do concurso deverá constar também obrigatoriamente menção do *Parecer do Centro de Estudos de Formação Autárquica*, a que se refere o art. 21.º do Dec.-Lei n.º 247/87, de 17 de Junho, alterado pelo Dec.-Lei n.º 412-A/98, de 30 de Dezembro.

(³) Prazo de apresentação das candidaturas (art. 27.º, n.º 1, al. h)). Para os *Concursos Internos Gerais e Mistos* esse *prazo é fixável entre 10 a 15 dias úteis.* Nos *Concursos Externos* esse prazo pode ser fixado entre *10 a 20 dias úteis* (art. 32.º, n.º 1, als. a) e b)).

Nos casos de *Concursos Internos Limitados* e de *Concursos para lugares de acesso relativos a Carreiras Verticais com Dotação Global cujos lugares se encontrem totalmente preenchidos* o prazo é fixável entre *5 a 7 dias úteis.*

A contagem daqueles prazos faz-se a "partir da data da publicação do aviso de abertura no Diário da República", (ou no Jornal Oficial das Regiões) "ou da respectiva afixação quando se trate de concurso limitado – art. 32.º, n.º 2.

«Sem prejuízo do disposto no art. 73.º do Código do Procedimento Administrativo, o prazo a que se refere o n.º 1, relativamente ao pessoal que se encontra ausente das instalações do serviço, por motivos fundamentados, conta-se da data do registo do ofício, respeitada a dilação de três dias do correio (art. 32.º, n.º 3).

(C) *A publicação do aviso de abertura do concurso*, faz-se nos seguintes termos:

    1.º **Para a** *Administração Central* – nos concursos externo e interno geral através da publicação na *2ª Série do Diário da República*, «sendo ainda publicado em órgão de imprensa de expansão nacional um anúncio contendo apenas a referência ao serviço, à categoria e ao Diário da República em que o aviso se encontra publicado» (art. 28.º, n.º 1); «no concurso interno limitado o aviso é apenas afixado no local a que tenham acesso os funcionários que reunam as condições de admissão e, na mesma data, notificado por ofício registado ou outro meio adequado aos funcionários que, por motivos fundamentados, estejam ausentes das instalações do serviço (art. 28.º, n.º 2); nos concursos mistos haverá lugar à publicação no Diário da República, 2.ª Série, e ainda à afixação do respectivo aviso nos termos referidos anteriormente (art. 28.º, n.º 3);

2.º Para a *Administração Local* – nos concursos externo e interno geral a publicação do aviso faz-se no Diário da República, 3ª Série (art. 6.º do Dec.-Lei n.º 238/99, de 25 de Junho); quanto aos concursos limitado e misto dever-se-á proceder, por analogia, de acordo com o disposto no art. 28.º, n.ºs 2 e 3;

3.º Para a *Administração Regional dos Açores* – nos concursos externo e interno geral, para além da publicação na 2.ª Série do Jornal Oficial da Região e em órgão de imprensa de expansão nacional, «na Região Autónoma dos Açores o aviso de abertura será publicado em pelo menos dois órgãos de imprensa escrita da Região (arts. 4.º e 6.º do DLR n.º 27/99/A, de 31 de Julho); quanto aos concursos internos limitado e misto, face à inexistência de qualquer preceito regional específico, segue-se o disposto, com as necessárias adaptações, no art. 28.º, n.ºs 2 e 3; sobre o Jornal Oficial da Região Açores veja-se o Decreto Regional n.º 1/77, de 10 de Fevereiro e a Portaria n.º 1/77, de 2 de Março;

4.º Para a *Administração Regional da Madeira* – nos concursos externo e interno geral, segue-se a publicação do aviso no Jornal Oficial da Região Autónoma da Madeira, 2ª Série, por força do disposto no art. 1.º, n.º 4, do DLR n.º 14//89/M, de 6 de Junho mantido em vigor na sequência da Resolução n.º 1014/98, de 11 de Agosto de 1998, in Jornal Oficial da Madeira, I Série, n.º 53, da mesma data (cfr. n.º 2 desta Resolução); nos concursos limitado e misto, aplica-se o disposto, com as necessárias adaptações, no art. 28.º, n.ºs 2 e 3; sobre o Jornal Oficial da Região veja-se o disposto no D.R.R. n.º 15/88/M, de 12 de Julho e na Portaria n.º 208/82, de 31 de Dezembro.

[4] Identificação do tipo de concurso a seguir (arts. 6.º, 8.º e 27.º, n.º 1, al. d)).

[5] Indicação do *objectivo do concurso*. Se se destina ao provimento de *lugares já vagos*, se ao provimento de *lugares vagos e dos que vierem a vagar durante o prazo de validade do concurso*, sem ou com limite do número destes últimos, ou ainda se se destina à *constituição de reservas de recrutamento* (arts. 7.º e 27.º, n.º 1, al. d)).

Os lugares postos a concurso devem vir identificados em termos de carreira e respectiva categoria.

Quando o concurso visar o provimento de lugares de categorias de ingresso deve-se fazer referência à existência ou não de situação de *estágio*.

[6] Indicação do serviço a que o quadro de pessoal diz respeito e área funcional (art. 27.º, n.º 1, al. d)).

[7] Referência desejável (embora não seja obrigatória) ao diploma legal que aprovou a orgânica e quadro de pessoal do serviço para o qual é aberto concurso.

[8] O *prazo de validade do concurso é de menção obrigatória* (art. 27.º, n.º 1, al. d)). «O prazo de validade do concurso é fixado pela entidade competente para autorizar a sua abertura entre um **mínimo de 3 meses e um máximo de 1 ano**», contado da data da publicação da respectiva lista de classificação final (art. 10.º, n.ºs 1 e 3). Este preceito não se aplica ao *concurso que vise exclusivamente o provimento de vagas existentes à data da sua abertura*, caso em que o concurso caduca com o preenchimento daquelas vagas (art. 10.º, n.º 4). «Até ao decurso do prazo» de validade do concurso, «os lugares postos a concurso ficam cativos, independentemente da data do respectivo provimento» (art. 10.º, n.º 2).

Através deste preceito afastou-se qualquer possibilidade de preenchimento daqueles lugares por transferência durante o decurso do prazo da validade do concurso.

(⁹) Descrição sumária das funções correspondentes aos lugares a prover (art. 27.°, n.° 1, al. c)).

(¹⁰) No aviso *tem de vir indicado obrigatoriamente o local de trabalho*. Para além da identificação do serviço, deverá fazer-se menção expressa do local físico concreto onde o candidato irá trabalhar (art. 27.°, n.° 1, al. d)).

(¹¹) Indicação do vencimento correspondente à categoria posta a concurso (o vencimento pode vir expresso em termos monetários ou com remissão para o índice e escalão estabelecido pelo Dec.-Lei n.° 353-A/89, de 16 de Outubro. Neste item, dever-se-á também fazer referência a outras condições de trabalho e demais regalias sociais vigentes, quer gerais, quer especiais se as houver (art. 27.°, n.° 1, al. b)).

(¹²) Enunciação dos requisitos gerais e especiais de admissão (art. 27.°, n.° 1, al. a)).

São **requisitos gerais de admissão** (art. 29.°, n.° 2):

a) Ter **nacionalidade portuguesa**, salvo nos casos exceptuados por lei especial ou convenção internacional;

b) Ter *18 anos completos*;

c) Possuir as ***habilitações literárias e profissionais legalmente exigidas*** para o desempenho do cargo;

d) Ter ***cumprido os deveres militares*** ou de serviço cívico, quando obrigatório;

e) ***Não estar inibido do exercício de funções públicas* ou interdito para o exercício das funções a que se candidata**;

f) Possuir ***robustez física* e o *perfil psíquico*** indispensáveis ao exercício da função e ter cumprido as leis de vacinação obrigatória.

«Os candidatos devem reunir os requisitos referidos nos números anteriores até ao termo do prazo fixado para apresentação das candidaturas» (art. 29.°, n.° 3). A não reunião destes requisitos gerais e especiais implica, *a priori*, a exclusão dos candidatos do respectivo concurso (art. 29.°, n.° 1).

No caso de estarmos perante *concursos para lugares de acesso* são ainda de exigir, os seguintes *requisitos gerais*:

a) **A permanência**, nos termos da lei geral ou especial, ***de um período mínimo de tempo*** na categoria imediatamente inferior;

b) **A adequada classificação de serviço**;

«Nos avisos de abertura de concursos internos de acesso (gerais ou limitados) é dispensada a referência aos elementos previstos nas alíneas a) a c)» (art. 27.°, n.° 2).

(¹³) Antigamente exigia-se que os requerimentos fossem feitos em papel selado. Hoje basta que os requerimentos sejam feitos em papel adequado, exigência que vai no sentido de garantir que o suporte material do requerimento – o papel – possua alguma dignidade (arts. 27.°, al. h) e 30.°).

Quando haja um número elevado de candidaturas que o justifique, os serviços e organismos podem optar pela utilização de *requerimentos modelo tipo*, a utilizar obrigatoriamente pelos candidatos. Desse facto se deve fazer menção expressa no aviso de abertura de concurso, indicando-se aí a forma da sua obtenção (art. 30.°, n.ᵒˢ 3 e 4). Entende-se mesmo que os serviços devem enviar em tempo útil os requerimentos de modelo-tipo aos candidatos que, residindo noutra localidade, o solicitem.

«O requerimento e os documentos» que lhe servem legalmente de suporte «são apresentadas até ao termo do prazo fixado para a apresentação das candidaturas, sendo entre-

gues **pessoalmente** ou pelo **correio, com aviso de recepção,** atendendo-se neste último caso, à data do registo» (art. 30.º, n.º 2).
Quanto às regras a observar nos requerimentos veja-se o disposto nos arts. 74.º e seguintes do C.P.A..
«Na entrega pessoal do requerimento de admissão é **obrigatória** a passagem de recibo» (art. 30.º, n.º 5).
Sobre requerimentos e documentos veja-se o disposto no Dec.-Lei n.º 135/99, de 22 de Abril, diploma que estabelece "medidas de modernização administrativa, designadamente sobre acolhimento e atendimento dos cidadãos em geral e dos agentes económicos em particular, comunicação administrativa, simplificação de procedimentos, audição dos utentes e sistema de informação para a gestão».
Face aos princípios legais da desburocratização e da eficiência, que visam assegurar um melhor serviço público aos cidadãos através de uma maior simplificação de procedimentos e formalidades administrativas e reforço da celeridade, economia e eficiência das decisões da Administração Pública, torna-se actualmente difícil aceitar a rejeição de requerimentos apresentados por particulares baseados apenas em fundamentos de mera inadequação ou falta de dignidade dos respectivos suportes materiais ou físicos, vg., tipo de papel utilizado.

[14] Vd. art. 14.º, n.º 4.
[15] Vd. arts. 27.º, n.º 1, al. h), 29.º, n.ºs 1 e 3, 30.º, n.ºs 1 e 2 e 31.º. Em matéria de **requisitos gerais** não é exigida hoje a apresentação de quaisquer documentos comprovativos, bastando aqui uma **declaração sob compromisso de honra dos candidatos, no próprio requerimento** (art. 31.º, n.º 2). Com uma excepção! «Nos concursos externos as habilitações literárias ou profissionais são comprovadas pelo respectivo **certificado** ou outro documento idóneo» (art. 31.º, n.º 3).
Quanto aos **requisitos especiais** a regra parece ser a da necessidade de apresentação dos «documentos comprovativos da titularidade» daqueles requisitos (art. 31.º, n.º 1).
O art. 31.º, n.º 4 estabelece a obrigação legal dos serviços emitirem «a documentação exigível para admissão a concurso dentro do prazo estabelecido para a apresentação das candidaturas, desde que requerida com uma antecedência mínima de três dias úteis». Mas no caso de estarmos perante um concurso limitado «as declarações comprovativas da titularidade dos requisitos» especiais «são oficiosamente entregues ao júri pelo respectivo serviço de pessoal, sendo dispensada a entrega de documentos comprovativos que se encontrem arquivados no processo individual» (art. 31.º, n.º 5). O disposto neste art. 31.º, n.º 5 aplica-se aos "concursos mistos, no que se refere aos funcionários do próprio serviço ou organismo" (art. 31.º, n.º 6).
«A não apresentação dos documentos comprovativos dos requisitos de admissão exigíveis nos termos do presente diploma e constantes do aviso de abertura determina a exclusão do concurso» (art. 31.º, n.º 7).
Recorde-se que o art. 29.º, n.ºs 1 e 3, preceitua claramente que «só podem ser admitidos a concurso os candidatos que satisfaçam os requisitos gerais de admissão (...), bem como os (...) especiais (...) até ao termo do prazo fixado para apresentação das candidaturas».
[16] No caso de se entender *temporariamente dispensável a apresentação de alguns desses documentos*, logo na fase de apresentação das candidaturas, desse facto se deve então fazer menção expressa nos avisos de concursos. Nesta situação de dispensa, devem

os candidatos, nos termos do disposto no art. 31.º, n.º 2 "in fine", *declarar nos requerimentos de admissão a concurso, sob compromisso de honra*, a situação precisa em que se encontram relativamente a cada um dos requisitos de cuja comprovação documental foram temporariamente dispensados.

Note-se, contudo, que esta simplificação processual do concurso ao nível da apresentação da documentação comprovativa dos requisitos de admissão dos candidatos foi rodeada por dois tipos de cautelas, a saber:

a) Em caso de dúvida pode o júri, a qualquer momento, exigir aos candidatos a apresentação de documentos comprovativos das suas declarações (art. 14.º, n.ºs 3 e 4);

b) Face à entrega de documento falso o júri de concurso, para além de ter de excluir o candidato da lista de classificação final, (art. 42.º, al. d)) está obrigado ainda a participar deste à entidade competente para efeitos de instauração dos consequentes procedimentos disciplinar e penal (art. 47.º).

([17]) Vd. art. 31.º, n.ºs 2 a 6.

([18]) Indicação da entidade a quem deve ser dirigido o requerimento, v.g., o dirigente máximo do serviço ou o presidente do júri, seguindo-se a identificação do serviço e o respectivo endereço (art. 27.º, n.º 1, al. h)).

([19]) No caso do requerimento de admissão ser entregue pessoalmente *é obrigatória a passagem de recibo* pelo funcionário do serviço que o receba (art. 30.º, n.º 5). Vd. também o disposto no art. 81.º do C.P.A..

([20]) Vd. arts. 27.º, n.º 1, al. h) e 30.º, n.º 2.

([21]) De acordo com o disposto no art. 27.º, n.º 1, als. f) e g), *nos avisos de abertura de concurso deve constar obrigatoriamente o seguinte*:

1.º *A especificação dos métodos de selecção a utilizar, seu carácter eliminatório, existência de fases, se for o caso, referência à publicação do programa de provas, se for caso disso também, e ainda sistema de classificação final a utilizar;*

2.º *Indicação de que os critérios de apreciação e ponderação da avaliação curricular e de entrevista profissional de selecção, bem como o sistema de classificação final, incluindo a respectiva fórmula classificativa final, constam de actas de reuniões do júri do concurso, sendo a mesma facultada aos candidatos sempre que solicitada.*

Acrescenta o art. 20.º, n.º 4, que «a natureza, forma e duração das provas constam do aviso de abertura do concurso, sendo ainda obrigatória a indicação da bibliografia ou legislação necessária à sua realização quando se trate de matérias não previstas no currículo escolar correspondente às habilitações literárias ou profissionais exigidas» (Vd. art. 5.º, n.º 2, al. b)).

Sobre a selecção de pessoal e os respectivos *métodos a utilizar nesse sentido* ver os arts. 18.º a 26.º (Vd. particularmente o disposto no art. 20.º, n.º 4).

([22]) Vd. art. 27.º, n.º 1, al. i).

No que diz respeito à **relação de candidatos** há duas situações a distinguir:

1.º) Se a **relação só contiver candidatos admitidos**, isto é, não havendo ninguém excluído, basta a sua **afixação no serviço** (art. 33.º, n.º 2);

2.º) Havendo candidatos a excluir, não há lugar à afixação de qualquer relação, devendo-se previamente proceder à notificação dos excluídos, «no âmbito do exercício do direito de participação dos interessados, para, no prazo de 10 dias úteis, dizerem por escrito o que se lhes oferecer» (art. 34.º, n.º 1).

De acordo com o disposto no art. 34.°, n.° 2 «A notificação contém o enunciado sucinto dos fundamentos da intenção de exclusão, sendo efectuada:

a) Por ofício registado, quando o número de candidatos a excluir seja inferior a 100» (nos Açores este número deverá ser inferior a 50 – cfr. art. 3.° do DLR n.° 27/99/A, de 31 de Julho);

b) «Através da publicação de aviso no Diário da República, 2.ª Série, quando o número de candidatos a excluir for igual ou superior a 100» (na Região Autónoma dos Açores aquele número terá de ser igual ou superior a 50); na Administração Local a publicação faz-se na 3.ª Série do Diário da República (art. 6.° do Dec.-Lei n.° 238/99, de 25 de Junho), enquanto que para as Administrações Regionais dos Açores e da Madeira tal publicidade opera-se através dos respectivos Jornais Oficiais, nas suas 2ªs Séries (note-se contudo que no ponto 2 da Resolução n.° 1014/98, de 11 de Agosto, do Governo da Madeira, nada se diz quanto à Série do Jornal Oficial da Madeira em que tal aviso deve ser publicado).

c) Pessoalmente, quando todos os candidatos a excluir se encontrem no serviço».

Quanto à **lista de classificação final** (art. 40.°) é ela notificada aos candidatos através de:

a) Envio de ofício registado, com cópia da lista, quando o número de candidatos admitidos for inferior a 100 (nos Açores, inferior a 50 – cfr. art. 3.° do DLR n.° 27/99/A, de 31 de Julho) – Vd. art. 40.°, n.° 1, al. a);

b) Publicação de aviso no Diário da República, 2.ª Série (3.ª Série para a Administração Local e 2.ªs Séries dos Jornais Oficiais para as Administrações Autónomas dos Açores e Madeira), informando os interessados da afixação da lista no serviço, quando o número de candidatos admitidos for igual ou superior a 100 (nos Açores, quando igual ou superior a 50) – Vd. art. 40.°, n.° 1, al. b);

c) Afixação da lista no serviço (art. 40.°, n.° 1, al. c)).

[23] Indicar a composição do júri, identificando os seus membros pelos seus nomes e categorias profissionais (arts. 12.° e 27.°, n.° 1, al. e)). O júri é composto por um presidente e 2 ou 4 vogais efectivos e por igual número de suplentes que vier a ser estabelecido para os efectivos (arts. 12.°, n.° 1 e 13.°, n.° 2).

[24] No aviso tem de se indicar expressamente **qual o vogal efectivo que substituirá o presidente do júri nas suas faltas e impedimentos** (art. 13.°, n.° 2).

[25] No caso de *concursos de ingresso* para categorias duma carreira para a qual se prevê um *período de estágio*, deve vir expressamente definido no aviso de abertura de concurso que o respectivo júri será simultaneamente o júri do estágio. Neste contexto, deverá também o aviso do concurso ter um ponto novo dedicado ao regime de estágio, ponto esse que poderá ter o seguinte texto como *Minuta* (meramente exemplificativa):

MINUTA 3

11. Regime de estágio.

11.1. O estágio, com carácter probatório, terá a duração de .... (indicar o tempo, bem como o diploma legal onde o seu regime vem definido) e a sua frequência será feita em regime de .... (comissão de serviço extraordinário, contrato administrativo de provimento: o diploma que prevê o estágio normalmente faz referência a esse regime).

11.2. Na avaliação do estágio serão ponderados pelo júri do estágio os seguintes factores:

a) Relatório do estágio a apresentar pelo estagiário;
b) Classificação de serviço obtida durante o tempo de estágio.
c) ... (referir outros factores que forem exigidos por lei).

11.3. Qualquer dos factores será classificado de 0 a 20 valores, sendo a classificação final resultante da média aritmética simples das classificações obtidas naqueles factores.

11.4. A classificação final traduz-se na escala de 0 a 20 valores.

([26]) A data e assinatura deverá ser do presidente do júri do concurso, dado que a elaboração e publicitação do aviso de abertura do concurso é a primeira do conjunto de operações do concurso que compete ao júri realizar (art. 14.º, n.º 1).

b) **Publicitação do aviso de abertura de concurso.** A regra geral nesta matéria é a de que o aviso de abertura deve ser *publicado na 2.ª Série do Diário da República* (art. 28, n.º 1) – *isto quanto aos Concursos Externo e Interno geral.*

Independentemente desta publicação no Diário da República, 2ª Série, um anúncio deverá ainda ser publicitado em *órgão de imprensa de expansão nacional,* anúncio esse que conterá apenas referência ao serviço, à categoria, e ao Diário da República em que o aviso se encontra publicado (art. 28.º, n.º 1).

A publicação do aviso de abertura de concurso no Diário da República, 2.ª Série, é porém, dispensada nos casos previstos nos arts. 8.º, n.os 5 e 6 e 28.º, a saber:

1.º *Nos concursos de acesso para lugares de carreiras verticais com dotação global sempre que os lugares do correspondente quadro se encontrem totalmente preenchidos;*

2.º *Nos concursos internos limitados.*

Nestes casos, a *publicitação é apenas feita através da afixação do respectivo aviso nos locais a que tenham acesso os funcionários que reúnam as condições de admissão a concurso.*

Os funcionários que reúnam as condições de admissão a concurso e que, por motivos justificados, se encontrem ausentes do serviço ou organismo, deverão ser notificados daquele aviso através de *ofício registado*, na mesma data da sua afixação, ou por outro qualquer meio adequado (art. 28.º, n.º 2).

«Nos concursos mistos há lugar a ambas as publicações previstas nos números anteriores» (art. 28.º, n.º 3).

Estas regras sobre publicitação do aviso de abertura do concurso aplicam-se também à Administração Local, com a diferença apenas da sua publicação ter de ser feita na 3ª Série do Diário da República (art. 6.º do Dec.-Lei n.º 238/99, de 25 de Junho). Tais regras são igualmente aplicáveis à Administração Regional dos Açores, especificando-se porém no art. 4.º do DLR n.º 27/99/A, de 31 de Julho que o aviso da abertura do concurso, "para além do consignado no n.º 1 do artigo 28.º" (do Dec.-Lei n.º 204/98), *«será – ainda – publicado em pelo menos dois órgãos de imprensa escrita na região»*. Isto é, os avisos de abertura de concursos externo e interno geral têm assim de ser publicados no Jornal Oficial da Região, em órgão de imprensa de expansão nacional e ainda em dois órgãos de imprensa escrita regional, pelo menos.

Quanto à Região Autónoma da Madeira fica-se neste ponto pela especificidade única de exigir que tal aviso se publique no respectivo Jornal Oficial em substituição do Diário da República.

3.ª *Fase da elaboração e publicitação da relação de candidatos admitidos*

*a) **Elaboração da relação de candidatos admitidos***. "Terminado o prazo para apresentação de candidaturas, o júri procede *à verificação dos requisitos de admissão no prazo máximo de 15 dias úteis"* (art. 33.º, n.º 1). Este prazo, por falta de disposição legal expressa, não é em princípio prorrogável. Não havendo candidatos excluídos, o júri elaborará e afixará de seguida no serviço uma **relação dos candidatos admitidos** até ao termo do prazo de 15 dias úteis previsto no art. 33.º, n.º 1 (art. 33.º, n.º 2).

*b) **Exclusão de candidatos*** – caso haja candidatos excluídos, o júri do concurso não pode proceder à elaboração e afixação daquela relação de candidatos admitidos sem que primeiro conclua o procedimento administrativo previsto no art. 34.º relativamente aos candidatos excluídos (art. 33.º, n.º 2).

Os candidatos excluídos são notificados, «no âmbito do exercício do direito de participação dos interessados, para, no prazo de 10 dias úteis, dizerem por escrito o que se lhes oferecer» (art. 34.º, n.º 1).

A notificação tem de conter «o enunciado sucinto dos fundamentos da intenção da exclusão, sendo efectuada:

a) Por ofício registado, quando o número de candidatos a excluir seja inferior a 100 (50 nos Açores; cfr. art. 3.º do DLR n.º 27/99/A, de 31 de Julho) – vd. art. 34.º, n.º 2, al. a);

b) Através de publicação de aviso no Diário da República, 2.ª Série, quando o número de candidatos a excluir for igual ou superior a 100 (50 nos Açores); nos Açores e na Madeira aquele aviso é publicado nos respectivos Jornais Oficiais, enquanto que para a Administração Local tal publicação se faz no Diário da República, 3.ª Série – vd. art. 34.º, n.º 2, al. b);

c) Pessoalmente, quando todos os candidatos a excluir se encontrem no serviço» – vd. art. 34.º, n.º 1, al. c).

O art. 34.º, n.º 5 prescreve que após o decurso do prazo para o exercício do direito de participação dos interessados, o júri apreciará «as alegações oferecidas e, caso mantenha a decisão de exclusão, notifica todos os candidatos excluídos de acordo com o estabelecido no n.º 2 (do art. 34.º), indicando nessa notificação o prazo de interposição de recurso hierárquico e o órgão competente para apreciar a impugnação do acto, como previsto no n.º 1 do art. 43.º». Só após fazer isto é que o júri do concurso poderá proceder então à afixação da **relação dos candidatos admitidos,** nos termos do disposto no art. 33.º, n.º 2.

Frize-se, contudo, que no âmbito deste procedimento administrativo «não é admitida a junção de documentos que pudessem ter sido apresentados dentro do prazo previsto para a entrega de candidaturas» (art. 34.º, n.º 4).

«O prazo para o exercício do direito de participação dos interessados conta-se nos termos do art. 44.º» (art. 34.º, n.º 3). Isto é, aquele prazo conta-se:

a) Da data do registo do ofício contendo os fundamentos da exclusão, quando o número de candidatos a excluir seja inferior a 100 (50 nos Açores), devendo-se aqui respeitar a dilação de três dias do correio;

b) Da data da publicação do aviso no Diário da República contendo os fundamentos da exclusão (ou da publicação nos Jornais Oficiais das Regiões Autónomas dos Açores e da Madeira, quanto aos concursos respeitantes às respectivas Administrações Regionais, ou no Diário da República, 3.ª Série, no que diz respeito aos concursos da responsabilidade da Administração Local), quando o número de candidatos a excluir for igual ou superior a 100 (50 na Região Açores);

  c) Da data da notificação pessoal.

Terminadas as operações que constituem a fase da elaboração e publicitação da **relação de candidatos admitidos,** das mesmas deverá o júri de concurso lavrar a respectiva acta, nela registando as deliberações tomadas (art. 15.º, n.º 2).

  c) *Exercício do direito de participação dos interessados: audição dos candidatos excluídos.* O exercício deste direito de participação insere-se no âmbito do instituto da audiência dos interessados introduzido no nosso ordenamento jurídico-administrativo através do art. 100.º do Código do Procedimento Administrativo, aprovado pelo Dec.-Lei n.º 442/91, de 15 de Novembro (alterado pelo Dec.-Lei n.º 6/96, de 31 de Janeiro), como meio de garantia (e reforço) dos direitos dos administrados contra os actos abusivos ou ilegais da Administração Pública. A audiência dos candidatos excluídos nesta fase do concurso representa ainda o cumprimento do preceito contido no art. 267.º, n.º 1 da Constituição que determina «a participação dos interessados na gestão efectiva» da Administração Pública. Este direito de participação acabou assim por alterar a tramitação tradicional seguida no procedimento administrativo sobre o concurso, na medida em que determinou que o júri do concurso, antes de proceder à fixação no serviço da relação dos candidatos admitidos, passasse a ter de informar primeiro os candidatos a excluir deste sentido da sua decisão, dando-lhes a possibilidade de conhecer as razões que o levaram a excluí-los. E é nesta obrigação de enunciar pormenorizadamente as razões que levam o júri de concurso a decidir-se pela exclusão dos candidatos que se traduz na prática também o **dever de fundamentação dos actos administrativos** previsto nos arts. 124.º a 126.º do CPA (e no Dec.-Lei n.º 256-A/77, de 17 de Junho).

Da operação de elaboração desta relação de candidatos deve o júri dar relato respectivo sob a forma de *Acta*. Deixamos aqui duas possíveis minutas de actas do júri de concurso relativamente à fase ou ao momento concreto da elaboração da relação de candidatos, reportando-se uma à situação em que há apenas candidatos admitidos, enquanto outra contempla a hipótese da existência de candidatos excluídos ou a excluir.

MINUTA 4

ACTA DO JÚRI DO CONCURSO ....([1])

Aos .... ([2]), reuniu-se o júri do concurso .... ([3])
na .... ([4]), júri composto por .... ([5]).
Foi escolhido para secretariar o presente júri o .... ([6]).
Aberta a reunião pelo Presidente do Júri, procedeu-se de seguida à análise dos requerimentos de admissão a concurso de: .... ([7]).

Verificado que foi o cumprimento dos requisitos legais de admissão a concurso por parte de todos os candidatos, são os mesmos dados como admitidos, procedendo--se de imediato, nos termos do prazo previsto no art. 33.°, n.° 1 do Dec.-Lei n.° 204//98, de 11 de Julho, à fixação no serviço de uma relação dos candidatos admitidos.

Nada mais havendo a tratar, dá-se por encerrada a reunião, e para dela constar se lavra a presente acta que, depois de lida em voz alta e aprovada, segue assinada por todos os membros do júri.

Assinatura ([8])

NOTAS EXPLICATIVAS

([1]) Identificação do concurso.
([2]) Data da reunião do júri, por extenso.
([3]) Tipo e objectivo do concurso (sua identificação).
([4]) Identificação do serviço e local físico onde o júri se reúne.
([5]) Nomes e cargos de cada um dos membros do júri. No caso de ter havido lugar à convocação de algum vogal suplente, tal facto deverá ser alvo da devida justificação através da enunciação sucinta das razões que levaram àquela substituição.
([6]) Nome do membro do júri ou do funcionário designado para secretariar o júri (art. 15.°, n.° 4).
([7]) Enunciar, sob a forma de relação, os nomes dos candidatos admitidos.
([8]) A acta tem de ser assinada por *todos* os membros do júri em efectividade de funções (art. 15.°, n.° 1). No caso do júri de concurso optar por ser secretariado por funcionário nos termos da parte final do art. 15.°, n.° 4 a acta da reunião do júri deverá ser assinada por último por aquele funcionário, que assim velará pela conformidade e correcção formal e substantiva da mesma.

MINUTA 5

ACTA DO JÚRI DO CONCURSO ....([1])

Aos .... ([2]) reuniu-se o júri do concurso .... ([3])
na .... ([4]), júri composto por .... ([5]). Aberta

a reunião pelo Presidente do Júri, foi escolhido para secretariar o presente júri o .... (⁶).

Procedeu-se de seguida à análise dos requerimentos de admissão a concurso de todos os candidatos, tendo o júri, após operação de verificação do cumprimento dos requisitos legais de candidatura, deliberado o seguinte:

a) Candidatos Admitidos: (⁷)
b) Candidatos excluídos: (⁸)

Nesta conformidade, face à existência de candidatos excluídos, o júri deliberou, nos termos do art. 34.° do Dec.-Lei n.° 204/98, de 11 de Julho, proceder à sua notificação .... (⁹), no âmbito do exercício do direito de participação dos interessados, para, no prazo de 10 dias úteis, dizerem por escrito o que se lhes oferecer.

Nada mais havendo a tratar, dá-se por encerrada a reunião, e para dela constar se lavrou a presente acta que, depois de lida em voz alta e aprovada, segue assinada por todos os membros do júri.

Assinaturas (¹⁰).

NOTAS EXPLICATIVAS

(¹) Identificação do concurso.
(²) Data da reunião do júri, feita por extenso.
(³) Tipo e objectivo do concurso (sua identificação).
(⁴) Indicação do serviço e local físico onde o júri se reúne.
(⁵) Nomes e cargos de cada um dos membros do júri. No caso de se ter verificado o chamamento de algum vogal suplente, dever-se-á justificar o porquê dessa mesma substituição.
(⁶) Nome do membro do júri ou do funcionário externo a este designado para secretariar o júri (art. 15.°, n.° 4).
(⁷) Nomes dos candidatos admitidos.
(⁸) Nomes dos candidatos excluídos com a indicação concreta das causas ou fundamentos de intenção de exclusão de cada um deles (arts. 15.°, n.° 2 e 34.°, n.° 2).
(⁹) Referir qual a forma de notificação a seguir, devendo ela própria conter o enunciado sucinto dos fundamentos da intenção de exclusão (art. 34.°, n.° 2).
(¹⁰) A acta tem de ser assinada por *todos* os membros do júri em efectividade de funções (art. 15.°, n.° 1).O funcionário externo ao órgão que o secretaria, no caso de existir, assinará a acta por último (art. 15.°, n.° 4).

Terminado o prazo para o exercício do direito de participação dos interessados, o júri de concurso reúne-se de novo para apreciar as alegações oferecidas pelos candidatos excluídos, lavrando depois a consequente acta daquela reunião. No caso do júri manter a decisão de exclusão, deverá de seguida notificar «todos os candidatos excluídos, de acordo com o estabelecido no n.º 2 do art. 34.º, indicando nessa notificação o prazo de interposição de recurso hierárquico e o órgão competente para apreciar a impugnação do acto, como previsto no n.º 1 do art. 43.º» (art. 34.º, n.º 5).

Por fim, o júri do concurso procederá à afixação no serviço, da *relação dos candidatos admitidos*. Se, pelo contrário, o júri alterar a sua decisão inicial de exclusão, acabando por deliberar no sentido favorável à admissão dos candidatos inicialmente excluídos deverá também fazer verter em acta os fundamentos ou razões desta mudança de posição, procedendo de imediato à fixação da consequente *relação dos candidatos admitidos*.

Quanto à **relação dos candidatos admitidos a afixar,** a que se refere o art. 33.º, n.º 2, poderá ela assumir a forma proposta na minuta que se segue:

MINUTA 6

.... ([1])

RELAÇÃO DOS CANDIDATOS ADMITIDOS

Nos termos do n.º 2 do art. 33.º do Dec.-Lei n.º 204/98, de 11 de Julho (A), torna-se pública a relação de candidatos admitidos ao concurso .... ([2]), concurso este aberto através de aviso .... ([3]).

Candidatos admitidos: .... ([4]).

Data ...., assinatura .... ([5]).

NOTAS EXPLICATIVAS

([1]) Indicar o serviço público a que o concurso diz respeito.

(A) Se se tratar de concursos abertos pelas Administrações Local e Regional, dos Açores e da Madeira, não esquecer de referir de seguida a legislação que adaptou o Dec.--Lei n.º 204/98 a cada uma daquelas realidades administrativas.

([2]) Identificação do tipo de concurso e do seu objectivo.

(³) Indicar o Diário da República (ou Jornal Oficial) onde vem publicado o aviso de abertura de concurso. No caso de concurso limitado indicar a data em que o aviso foi afixado no local do serviço a que tenham acesso os funcionários que reunam as condições de admissão (art. 28.°, n.ᵒˢ 2 e 3).

(⁴) Enunciar os nomes dos candidatos admitidos, de preferência, por ordem alfabética ou de entrada dos requerimentos de admissão a concurso.

(⁵) Assinatura do Presidente do júri de concurso.

d) *Recurso da exclusão de candidatos.* Os *candidatos excluídos podem, nos termos dos arts. 34.°, n.° 5 e 43.°, n.° 1, recorrer hierarquicamente da decisão do júri da sua exclusão do concurso, a interpor no prazo de 8 dias úteis*, para:

1.° O dirigente máximo do serviço ou,

2.° No caso daquele ser membro do júri, para o membro do Governo competente (art. 43.°, n.° 1).

Na notificação da exclusão deve o júri de concurso indicar aquele prazo de interposição do recurso hierárquico, bem como o órgão competente para apreciar a impugnação do acto (art. 34.°, n.° 5).

O prazo de recurso, atente-se, *é de 8 dias úteis*, e conta-se a partir da «data do registo do ofício contendo os fundamentos de exclusão (...), respeitada a dilação de três dias do correio» (arts. 43.°, n.° 1 e 44.°, al. a)).

No caso da exclusão ser notificada através de aviso publicado no Diário da República (ou nos Jornais Oficiais das Regiões) aquele prazo de interposição de recurso conta-se então a partir da data da publicação do aviso naquele Diário ou Jornais, aviso esse que conterá os fundamentos da exclusão (art. 44.°, al. b)).

Se a exclusão for comunicada através de notificação pessoal a contagem do prazo do recurso faz-se com base na data daquela notificação (arts. 43.°, n.° 1 e 44.°, al. d)).

«O recurso da exclusão do concurso não suspende, as respectivas operações, salvo quando haja lugar à aplicação de métodos de selecção que requeiram a presença simultânea de todos os candidatos» (art. 45.°).

A entidade recorrida dispõe de um prazo máximo de 15 dias úteis para decidir, a contar da data remessa do processo pelo órgão recorrido ao órgão competente para dele conhecer (art. 46.°).

Se a entidade competente para decidir o recurso nada disser naquele prazo legal, o recurso interposto considera-se **tacitamente indeferido,** havendo lugar à cessação do efeito suspensivo do recurso (art. 46.°).

4.ª Fase – Da aplicação dos métodos de selecção
a) *Início da aplicação dos métodos de selecção.* «A aplicação dos métodos de selecção tem início no prazo máximo de **20 dias úteis** contados da data da afixação da relação de candidatos admitidos ou da notificação de exclusão a que se refere o n.° 5 do artigo anterior» (art. 35.°, n.° 3).

A convocação dos candidatos admitidos para a realização dos métodos de selecção faz-se «através das formas de notificação previstas no Código do Procedimento Administrativo que se revelem mais adequadas» (art. 35.°, n.° 1).

Vai daí sermos atirados para o art. 70.° do n.° 1, do CPA no qual se prevê que as notificações se possam fazer por:

a) Via postal, preferencialmente;

b) Pessoalmente, depois, e na condição de ela não prejudicar a celeridade do procedimento;

c) Por telegrama, telefone, telex ou telefax, quando a urgência do caso recomendar o seu uso;

d) Por edital ou anúncio a publicar nos Jornais Oficiais, no boletim informativo ou em dois jornais mais lidos da localidade de residência sede dos notificandos, se os interessados forem desconhecidos ou em tal número que torne inconveniente outra forma de notificação.

No caso, porém, de haver lugar a **provas de conhecimentos,** a notificação dos candidatos para a prestação das mesmas far-se-á então nos termos do art. 34.°, n.° 2 (art. 35.°, n.° 2). Isto é, através de:

1.° Ofício registado, quando o número de candidatos seja inferior a 100 (no caso dos Açores, 50);

2.° De publicação de aviso no Diário da República, 2.ª ou 3.ª Séries, consoante se trate de concurso respeitante à Administração Central ou Administração Local, ou nos Jornais Oficiais das Regiões Autónomas, se os concursos disserem respeito às respectivas Administrações Regionais, quando o número de candidatos seja igual ou superior a 100 (50 nos Açores);

3.° Pessoalmente, quando todos os candidatos se encontrem no serviço.

b) *Princípio geral da selecção de pessoal.* No art. 18.° encontra-se consagrado o princípio geral de que "a definição dos *métodos de selecção* e respectivo conteúdo e, bem assim, quando for caso disso, dos *programas das provas de conhecimentos*", aplicáveis a cada categoria, deverá fazer-se em «função do complexo de tarefas e responsabilidades inerentes ao respectivo:

• conteúdo funcional aplicável a cada categoria;
• e ao conjunto de requisitos de natureza física, psicológica, habilitacional ou profissional exigível para o seu exercício».

c) *Métodos de selecção.* O art. 19.º enuncia os métodos de selecção de pessoal, métodos esses que são agrupáveis em duas categorias consoante possam ser utilizados isolada ou conjuntamente.

Assim, temos:

1.º *Métodos de selecção que podem ser utilizados isolada ou conjuntamente e com carácter eliminatório* (art. 19.º, n.º 1, als. a) e b)):
1 – *Provas de conhecimentos*;
2 – *Avaliação curricular.*

Cada um deste métodos de selecção pode ser utilizado isolado, sem mais, ou conjuntamente com qualquer outro, ou todos até, dos métodos previstos no art. 19.º.

2.º *Métodos de selecção de carácter complementar, que só podem ser utilizados conjuntamente com um ou com os dois métodos referidos anteriormente* (art. 19.º, n.º 2, als. a), b) e c)):
1 – *Entrevista profissional de selecção*;
2 – *Exame psicológico de selecção*;
3 – *Exame médico de selecção.*

De acordo com os arts. 19.º, n.º 1 e 24.º, n.º 2 **poderão ter** *carácter eliminatório*, se assim ficar decidido e expresso no próprio aviso de abertura de concurso, **os seguintes** *métodos de selecção*:
a) *Provas de conhecimentos*;
b) *Avaliação curricular*;
c) *Exame psicológico*, que só pode ser utilizado em *concursos de ingresso* (art. 24.º, n.º 2).

O exame médico tem sempre carácter eliminatório, só podendo ser também utilizado no *concurso de ingresso* (art. 25.º, n.º 2).

Os métodos de selecção *provas de conhecimentos* e *exame psicológico* poderão ter mais de uma fase, sendo ou não cada uma delas de per si eliminatória, desde que o respectivo método o seja (arts. 20.º, n.º 3 e 24.º, n.º 3).

O *sigilo* é garantido relativamente aos resultados dos *exames psicológico e médico*, sendo os resultados transmitidos ao júri do concurso sob a forma de apreciação global (arts. 24.º, n.º 4 e 25.º, n.º 3). A quebra do dever de sigilo aqui constitui matéria passível de responsabilização disciplinar (arts. 24.º, n.º 5 e 25.º, n.º 4).

As *provas de conhecimentos,* que obedecem a um programa previamente aprovado, podem ser, de acordo com o disposto no n.º 2 do art. 20.º, do seguinte tipo:

1 – *Conhecimentos gerais*
2 – *Conhecimentos específicos*
3 – *Escritas*
4 – *Orais*
5 – *Teóricas*
6 – *Práticas*

Nos **concursos de ingresso é obrigatório o recurso a provas de conhecimentos,** sem prejuízo da utilização de outros métodos de selecção (art. 20.º, n.º 5).

O **programa de provas de conhecimentos gerais** é aprovado pelo membro do Governo que tem a seu cargo a Administração Pública, dele devendo constar **obrigatoriamente** temas relacionados com os **direitos e deveres da função pública e a deontologia profissional** (art. 21.º, n.ºs 1 e 2). Esta competência para aprovação do programa de provas de conhecimentos gerais encontra-se delegada por força do art. 21.º, n.º 4, isto é «*ope legis*», no Director-Geral da Administração Pública que, nessa conformidade, fez aprovar o referido programa através do seu Despacho n.º 13381/99, publicado no Diário da República, 2.ª Série, n.º 162, de 14 de Julho de 1999.

Veja-se na legislação de apoio a este Guia a Circular n.º 3//DGAP/99, de 21 de Julho de 1999 da Direcção-Geral da Administração Pública.

O **programa das provas de conhecimentos especiais** é, por seu lado, aprovado por despacho conjunto do membro do Governo que tem a seu cargo a Administração Pública e do membro do Governo com tutela sobre o órgão ou serviço em causa (art. 21.º, n.º 3).

A competência aqui referida, atribuída ao membro do Governo que tem a seu cargo a Administração Pública, está desde logo, por força da lei (art. 21.º, n.º 4), delegada no director-geral da Administração Pública.

No que diz respeito ao método de selecção da *avaliação curricular* o Dec.-Lei n.º 204/98, de 11 de Julho, fez um esforço de objectivação desta modalidade de selecção a partir do momento em que aí passou a exigir obrigatoriamente a consideração e ponderação dos seguintes factores:

a) Habilitação académica de base, onde se pondera a titularidade de grau académico ou a sua equiparação legalmente reconhecida (nota do curso é indiscutivelmente a melhor forma e a mais objectiva de ponderar a habilitação académica de base);

b) Formação profissional, em que se ponderam as acções de formação profissional, em especial as relacionadas com as áreas funcionais dos lugares postos a concurso;

c) Experiência profissional, em que se pondera o desempenho efectivo de funções na área de actividade para a qual é aberto concurso, bem como outras capacitações adequadas, com avaliação da sua natureza e duração (art. 22.º, n.º 2, als. a), b) e c)).

Nos concursos de acesso a classificação de serviço poderá ser ponderada **pelo júri do concurso**, se assim o entender, "**como factor de apreciação na avaliação curricular**" (art. 22.º, n.º 3).

«Nos concursos limitados (de acesso) é **obrigatório** considerar a **classificação de serviço** como factor de apreciação» (art. 22.º, n.º 4).

Em matéria da **entrevista** passou a exigir-se legalmente a elaboração de «uma ficha individual, contendo o resumo dos assuntos abordados, os parâmetros relevantes e a classificação obtida em cada um deles, devidamente fundamentada» (art. 23.º, n.º 2).

A **entrevista**, enquanto método de selecção, é utilizável nos **concursos externos e internos de ingresso** desde que o conteúdo funcional e as especifidades da categoria o justifiquem, **sem carácter eliminatório** (art. 23.º, n.º 3).

d) *Objectivos dos métodos de selecção*. Estes objectivos vêm definidos nos arts. 20.º, n.º 1, 22.º, n.º 1, 23.º, n.º 1, 24.º, n.º 1 e 25.º, n.º 1, relativamente a cada um dos métodos de selecção, a saber respectivamente provas de conhecimentos, avaliação curricular, entrevista, exame psicológico e exame médico. Neste contexto temos que:

1ª – «As provas de conhecimento visam avaliar os níveis de conhecimentos académicos e profissionais dos candidatos exigíveis e adequados ao exercício de determinada função» (art. 20.º, n.º 1);

2ª – «A avaliação curricular», por seu turno, «visa avaliar as aptidões profissionais do candidato na área para que o concurso é aberto, com base na análise do respectivo currículo profissional» (art. 22.º, n.º 1);

3ª – «A entrevista profissional de selecção visa avaliar, numa relação interpessoal e de forma objectiva e sistemática, as aptidões profissionais e pessoais dos candidatos» (art. 23.°, n.° 1);

4ª – «O exame psicológico de selecção visa avaliar as capacidades e as características de personalidade dos candidatos através da utilização de técnicas psicológicas, visando determinar a sua adequação à função» (art. 24.°, n.° 1);

5ª – «O exame médico», por fim, «visa avaliar as condições físicas e psíquicas dos candidatos, tendo em vista determinar a sua aptidão para o exercício da função» (art. 25.°, n.°1).

e) *Recurso a entidades estranhas ao júri na fase de selecção.* "(...) Os serviços, sob proposta do júri" poderão solicitar, nos termos do art. 14.°, n.° 2, "à Direcção-Geral da Administração Pública ou a outras entidades públicas ou privadas especializadas na matéria, ou detentores de conhecimentos técnicos específicos exigíveis, para o exercício das funções para que é aberto o concurso, a realização de todas ou parte das operações do concurso".

f) *Apoio à preparação dos candidatos.* O Dec.-Lei n.° 204/98, de 11 de Julho, foi neste aspecto, menos generoso que o anterior regime jurídico de concursos, o Dec.-Lei n.° 498/88, de 30 de Dezembro (art. 30.°), que previa a obrigação legal de os serviços fornecerem atempadamente aos candidatos a documentação considerada indispensável à sua preparação sempre que a selecção fizesse apelo a conhecimentos não incluídos no currículo escolar correspondente às habilitações exigidas para o provimento do cargo. Actualmente, o único apoio à preparação dos candidatos previsto na lei é aquele que se resume à indicação no aviso de abertura «da bibliografia ou legislação necessária» à realização do concurso «quando se trate de matérias não previstas no currículo escolar correspondente às habilitações literárias ou profissionais exigidas» (art. 20.°, n.° 4).

5.ª *Fase da classificação dos candidatos.*

a) *Sistema de classificação.* Terminada a fase da aplicação ou realização das operações de selecção, o júri do concurso reunir-se-á com vista à classificação final dos candidatos, dispondo de um prazo máximo de 10 dias úteis com vista à tomada da decisão relativa à classificação final e ordenação dos candidatos (art. 38.°, n.° 1). De acordo com o sistema de classificação fixado no art. 26.°, n.° 1, "os resultados obtidos na aplicação dos métodos de selecção são classificados na escala de 0 a 20 valores (...)». Isto, sem prejuízo da atribuição das menções qualitativas quanto aos seguintes métodos de selecção:

    1.° *Exame psicológico* – de Favorável Preferencialmente, Bastante Favorável, Favorável com Reservas e Não Favorável, correspondendo-lhes as classificações de 20, 16, 12, 8 e 4 valores, respectivamente.

    2.° *Exame médico* – de Apto ou Não apto (art. 26.°, n.° 2).

    b) *Classificação final dos candidatos*. Como já referimos anteriormente, nos concursos de ingresso (externos ou internos) é obrigatório o recurso a provas de conhecimentos (art. 20.°, n.° 5). Em caso de recurso isolado a este método de selecção, ou de ele ter carácter eliminatório, consideram-se eliminados os candidatos que na classificação final obtiverem nota inferior a 9,5 valores (art. 36.°, n.° 1).

    Se no concurso de ingresso, para além das provas de conhecimentos, sem carácter eliminatório, for utilizado um ou mais métodos de selecção, então a "classificação final resultará da média aritmética simples ou ponderada das classificações obtidas em todos os métodos de selecção" (art. 36.°, n.° 2). Serão aqui considerados «não aprovados os candidatos que, nas fases ou métodos de selecção eliminatórios ou na classificação final, obtenham classificação inferior a 9,5 valores (resultante daquela média) e, bem assim, os que sejam considerados não aptos no exame médico de selecção» (art. 36.°, n.° 1).

    «Os métodos de selecção complementares», **entrevista profissional de selecção e exame psicológico**, **«não podem isoladamente ter ponderação superior à fixada para a prova de conhecimentos ou de avaliação curricular»** (art. 36.°, n.° 3).

    Nos *concursos de ingresso* começa a generalizar-se a tendência para a selecção dos candidatos se fazer com base no recurso simultâneo a três métodos, a saber:

    1.° *Provas de conhecimentos* (PC)

    No caso deste método de selecção comportar, por exemplo, provas de conhecimentos gerais (PCG) e especiais (PCE) poder-se-á então aqui adoptar a seguinte subfórmula:

$$PC = \frac{PCG + PCE}{2} =$$

2.º *Avaliação curricular* (AC)
3.º *Entrevista* (E)

A seguir-se esta tendência, da aplicação do disposto no art. 36.º, n.ºˢ 2 e 3 podemos extrair a seguinte fórmula possível de classificação final (CF):

$$CF = \frac{PC + AC + E}{3} =$$

Tendo presente os factores legais de ponderação previstos para a **avaliação curricular** (art. 22.º, n.º 2), eis uma hipótese (legal) de ***fórmula de avaliação curricular***.

$$AC = \frac{HA + FP + EP}{3} =$$

Em que:

• **HA (habilitação académica de base)** – deve, a nosso ver, ser valorada com base na ponderação da nota final obtida no grau académico mínimo exigido para se ser opositor a concurso, isto é, a nota final obtida no grau académico exigido como condição *«sine qua non»* para se candidatar a concurso. No caso do candidato possuir grau ou graus académicos superiores ao exigido para se ser opositor a concurso, poderá o júri de concurso fixar previamente uma pontuação a atribuir por cada um daqueles graus que os candidatos vierem a apresentar a mais.

• **FP (formação profissional)** – realce-se que, de acordo com o art. 22.º, n.º 2, al. b), na ponderação deste factor deve-se ter em especial conta as acções relacionadas com as áreas funcionais dos lugares postos a concurso. Assim, por exemplo, esta ponderação pode fazer-se nos seguintes moldes:

– Não frequência de quaisquer acções de formação (relacionadas ou não com o cargo a prover) .... 10 valores.

– Frequência de acções de formação não correlacionadas com o cargo a prover .... 12 valores

– Frequência de acções de formação correlacionadas com o cargo a prover .... 12+1 valor por cada acção deste tipo até ao limite de 20.

• **EP (experiência profissional)** em que se pondera o desempenho efectivo de funções na área da actividade para que o concurso é aberto, bem como outras capacitações adequadas, com avaliação da

sua natureza e duração. A valoração deste factor pode fazer-se da seguinte forma:
 – Inexistência de qualquer experiência profissional na área de actividade para que o concurso é aberto .... 10 valores.
 – Existência de experiência profissional não directamente ligada com a actividade do cargo a prover .... 12 valores.
 – Existência de experiência profissional na área de actividade para que o concurso é aberto .... 12 + 2 valores por cada ano até ao limite de 20.

Quanto à *entrevista* como método de selecção deve-se procurar ao máximo que ela se constitua também como um elemento objectivo de ponderação das aptidões profissionais e pessoais dos candidatos (vd. art. 27.º, n.º 1, al. g)). **Nas actas do júri deverão constar os critérios de apreciação e ponderação da *entrevista*.**

Que critérios poderão ser esses?

Várias circulares, normativos e até meros textos orientadores da forma de proceder nesta matéria têm-se pronunciado sobre tais critérios ou factores de ponderação. Assim, na *entrevista* poderá o júri ter, por exemplo, em conta os seguintes **critérios de avaliação que deverão constar e integrar a respectiva ficha individual de entrevista**:

a) **O seu interesse e motivação profissionais** (averiguar se as razões da candidatura constituem uma opção consciente do candidato ou se se baseiam apenas na necessidade de arranjar emprego, por exemplo);

b) **Capacidade de expressão e de comunicação dos candidatos** (avaliável em torno da discussão curricular);

c) **O seu sentido de organização e capacidade de inovação**;

d) **A sua capacidade de relacionamento**;

e) **Conhecimento dos problemas e tarefas inerentes às funções a exercer**. Antes de dar início à entrevista propriamente dita, o júri deverá informar o candidato sobre as características do lugar posto a concurso, nomeadamente seu conteúdo funcional e condições de trabalho.

A utilização de cada um destes possíveis factores de apreciação por parte do júri do concurso ficará, porém, sempre ao critério do próprio júri, atento ao conteúdo funcional e características dos próprios lugares postos a concurso.

Como inovação, há a salientar a obrigação legal imposta ao júri do concurso de, por cada *entrevista*, elaborar uma *Ficha Individual*, «contendo o resumo dos assuntos abordados, os parâmetros relevantes e a classificação obtida em cada um deles, devidamente fundamentada» (art. 23.º, n.º 2).

Deixamos aqui uma minuta de uma possível ficha individual de entrevista.

MINUTA 7

FICHA INDIVIDUAL DA ENTREVISTA

NOTA: Antes de dar início à entrevista o júri deverá informar o candidato sobre as características do lugar posto a concurso, nomeadamente, seu conteúdo funcional e condições de trabalho.

CLASSIFICAÇÃO ATRIBUÍDA A CADA UM DOS PARÂMETROS DA ENTREVISTA

FACTORES DE APRECIAÇÃO	VALORAÇÃO	APRECIAÇÃO
Interesse e Motivação Profissionais	0	Não revelou qualquer opção na obtenção de um emprego
	1	Revelou uma opção nada consciente na obtenção de um emprego
	2	Revelou uma opção pouco consciente na obtenção de um emprego
	3	Revelou uma opção consciente na obtenção de um emprego
	4	Revelou uma opção consciente na obtenção de um emprego correspondente ao lugar a que se candidatou
Capacidade de Expressão e Comunicação	0	Não demonstrou qualquer capacidade de expressão e comunicação
	1	Demonstrou grande dificuldade de expressão e comunicação
	2	Demonstrou alguma facilidade de expressão e comunicação
	3	Demonstrou uma razoável facilidade de expressão e comunicação
	4	Demonstrou uma apreciável facilidade de expressão e comunicação
Sentido de Organização e Capacidade de Invovação	0	À questão apresentada não demonstrou qualquer sentido de organização ou capacidade de inovação
	1	À questão apresentada demonstrou muito pouco sentido de organização ou capacidade de inovação
	2	À questão apresentada demonstrou algum sentido de organização ou capacidade de inovação
	3	À questão apresentada demonstrou um sentido de organização razoável ou capacidade de inovação
	4	À questão apresentada demonstrou um apreciável sentido de organização ou capacidade de inovação

FACTORES DE APRECIAÇÃO	VALORAÇÃO	APRECIAÇÃO
Capacidade de Relacionamento	0	À questão apresentada revelou uma total incapacidade de relacionamento
	1	À questão apresentada revelou muito pouca capacidade de relacionamento
	2	À questão apresentada revelou alguma capacidade de relacionamento
	3	À questão apresentada revelou uma razoável capacidade de relacionamento
	4	À questão apresentada revelou uma apreciável capacidade de relacionamento
Conhecimento dos Problemas e Tarefas Inerentes às Funções a Exercer	0	Manifestou falta de quaisquer conhecimentos sobre os problemas e tarefas inerentes ao conteúdo funcional do cargo a prover
	1	Manifestou possuir muito poucos conhecimentos sobre os problemas e tarefas
	2	Manifestou possuir alguns conhecimentos sobre os problemas e tarefas
	3	Manifestou possuir um conhecimento razoável sobre os problemas e tarefas
	4	Manifestou possuir um conhecimento bastante completo dos problemas e tarefas

A nota final da entrevista profissional de selecção representará a soma da pontuação dada a cada um dos seus parâmetros relevantes de apreciação, soma essa que não poderá ultrapassar em caso algum 20 valores uma vez que o valor máximo atribuível a cada um daqueles cinco parâmetros é previamente fixado em 4 valores (5x4=20).

FACTORES DE APRECIAÇÃO (valoração para cada factor – 0 a 4)	VALORAÇÃO	APRECIAÇÃO
a) Interesse e motivação profissionais		
b) Capacidade de expressão e comunicação		
c) Sentido de organização e capacidade de inovação		
d) Capacidade de relacionamento		
e) Conhecimentos dos problemas e tarefas inerentes às funções a exercer		
NOTA FINAL		

NOME DO CANDIDATO: _____
IDADE: _____
DATA: _____

Quanto aos *concursos de acesso* o método aí usado por excelência e, em regra, isoladamente é o da *avaliação curricular*.

Nestes concursos de acesso é possível fazer-se recurso à seguinte fórmula de avaliação curricular:

$$AC = \frac{HA + FP + EP + CS}{4} =$$

em que HA corresponde às habilitações académicas, FP à formação profissional, EP à experiência profissional e CS à classificação de serviço. Quanto à EP, experiência profissional no concurso de acesso costuma-se adoptar ou utilizar a seguinte subfórmula classificativa:

$$EP = \frac{A^1 + A^2}{2} + B =$$

na qual se relevam como factores de ponderação:

A – Os anos de serviço prestados na categoria e na função pública valorados do seguinte modo:

$$A = \frac{A^1 + A^2}{2}$$

em que A^1 é a antiguidade na última categoria pontuada da seguinte forma:
 – antiguidade igual ou inferior a 3 anos .... 12 valores;
 – antiguidade superior a 3 anos .... 12 valores + 1 valor por cada ano além dos 3 até ao limite de 20 valores;

e por seu lado A^2 se traduz na antiguidade na função pública valorada do modo seguinte:
 – antiguidade igual ou inferior a 5 anos .... 12 valores;
 – antiguidade superior a 5 anos .... 12 valores + 1 valor por cada 5 anos para além dos 5 anos iniciais, até ao limite de 20;

B – Participação em trabalhos ou estudos específicos que se destacam pela sua complexidade e/ou actividade como formador, valorado do seguinte modo:
 – Inexistência de qualquer destas actividades .... 10 valores;
 – Participação em algumas destas actividades .... 1 valor, por cada trabalho, estudo ou actividade como formador até ao limite máximo de 20 valores.

A *classificação de serviço* (Decreto Regulamentar n.º 44-B/83, de 1 de Junho) constitui-se como um factor de ponderação a ter em conta obrigatoriamente na avaliação curricular dos **concursos de acesso limitado** (art. 22.º, n.º 4). Nos demais concursos internos de acesso geral o júri do concurso é livre de optar ou não pelo recurso à classificação de serviço como factor de apreciação na avaliação curricular (art. 22.º, n.º 3).

Deixamos de seguida uma *fórmula de classificação final da avaliação curricular* a adoptar nos *concursos internos de acesso*.

$$AC = \frac{HA + FP + EP + CS\left[\dfrac{a^1 + a^2 + a^3}{3} \times 2\right]}{4} =$$

Em que:
- HA (habilitação académica de base)
- FP (formação profissional)
- EP (experiência profissional)
- CS (classificação de serviço) = $\dfrac{a^1 + a^2 + a^3}{3} \times 2$

a^1, a^2, a^3 – é a classificação de serviço traduzida na nota quantitativa obtida pelo funcionário em cada um dos 3 anos imediatamente anteriores relevantes para este efeito de promoção na carreira. De seguida somam-se as três notações anuais de serviço (que vão, como se sabe, de uma escala de 0 a 10) para de imediato as dividir pelo número 3, com vista à obtenção da nota média de classificação de serviço na categoria imediatamente anterior àquela para a qual se concorre. Finalmente multiplica-se essa nota média por 2 com vista a dar-lhe a necessária correspondência e expressão numa escala de classificação de 0 a 20 valores de modo obter-se assim a nota de classificação final do candidato a concurso.

A este propósito refira-se que por vezes se encontram avisos de abertura de concurso que fazem uso de fórmulas de avaliação curricular em que são dados *a priori* ponderações diferentes a cada um dos seus items obrigatórios de avaliação. Esta fórmula de avaliação curricular pode-nos surgir então, por exemplo, da seguinte forma:

$$AC = \frac{3 \times HA + 2 \times FP + 5 \times EP}{10} =$$

Esta fórmula de avaliação curricular, ou outra qualquer do estilo, na qual se faça utilização da formação profissional (FP) e da experiência profissional (EP), fundindo-os num único item de ponderação (numa sub-fórmula do género que integre e dilua no âmbito da experiência profissional (EP) a EP propriamente dita, em termos de anos de serviço na categoria, carreira e na função pública, e a formação profissional (FP), contabilizável pelo número de acções frequentadas e valoradas da seguinte maneira: $EP = \dfrac{EP + FP)}{2}$,

são fórmulas que, não obstante poderem ter algum cabimento ou tolerância na actual letra da lei, acabam *a priori* por serem susceptíveis de levar à criação de situações de suspeição e mau estar por parte dos candidatos, logo, passíveis de contestação legal, na medida em que se arriscam a assumir como fórmulas engenhosas do tipo «fato feito por e à medida do candidato», capazes de privilegiar algum ou alguns dos referidos candidatos em relação aos demais, pondo-se deste modo em causa o princípio legal da igualdade de tratamento entre todos os candidatos. Aqui se deixa esta nota apenas como apelo a uma reflexão sobre as implicações do recurso à discricionaridade nesta fase da concepção e aplicação de fórmulas de selecção de pessoal nos respectivos processos de concursos.

c) ***Elaboração da acta da classificação final dos candidatos***. Terminada que foi a fase da aplicação dos métodos de selecção dos candidatos a concurso, o júri dispõe de um ***prazo de 10 dias úteis*** para proceder à classificação e ordenação dos candidatos e à elaboração da respectiva acta (art. 38.°, n.° 1).

Da *acta* tem de constar obrigatoriamente a lista de classificação final dos candidatos e a sua fundamentação. Por outras palavras, da acta do júri respeitante a esta fase do concurso deverá constar não só a classificação final dos candidatos, como também, e principalmente, os fundamentos objectivos, claros e concretos que serviram de base à atribuição da referida classificação (arts. 15.°, n.° 2 e 39.°, n.° 1).

A enunciação precisa dos métodos de selecção utilizados, dos factores de ponderação tidos em conta em relação a cada um desses mesmos métodos, das eventuais fórmulas de classificação final adoptadas, enfim, a descrição em pormenor de tudo quanto ocorreu na reunião do júri, são tudo aspectos que devem fazer parte integrante da fundamentação, ou melhor dizendo, da própria acta do júri (art. 27.°, n.° 1, als. f) e g)).

Esta, como todas as outras actas do júri do concurso, pode e deve ser facultada aos candidatos sempre que por eles solicitada (art. 27.º, n.º 1, al. g) *in fine*).

MINUTA 8

ACTA DO JÚRI DO CONCURSO .... ([1])

Aos .... ([2]), reuniu-se o júri do concurso .... ([3]), na .... ([4]), composto por .... ([5]).
Aberta a reunião pelo Presidente do Júri, procedeu-se de imediato à classificação e ordenação dos candidatos admitidos a concurso.
O Júri de concurso, de acordo com .... ([6]), teve como métodos de selecção dos candidatos .... ([7]), tendo-os ponderado da seguinte forma: .... ([8]).
Da aplicação dos métodos de selecção e dos respectivos factores de ponderação a cada um dos candidatos, foram estes classificados do modo seguinte:
Candidato .... ([9])
([10]) ....
— ... —
Após a classificação dos candidatos, o Júri procedeu à elaboração da lista de classificação final dos candidatos, que ficaram assim ordenados:
1. .... ([11]) .... ([12])
2. ....
Nada mais havendo a tratar, e para constar, lavrou-se a presente acta que, depois de lida em voz alta e aprovada, segue assinada por todos os membros do júri.

      Presidente .... ([13])
      Vogal ....
      Vogal ....

Nota: Não esquecer que a acta tem de ser assinada por todos os membros do júri em efectividade de funções (é o que resulta do art. 15.º, n.º 1).

NOTAS EXPLICATIVAS

 ([1]) Identificação do concurso.

(^{2}) Data da reunião do júri, por extenso.
(^{3}) Tipo e objectivo do concurso.
(^{4}) Identificação do serviço e local físico onde o júri se reúne.
(^{5}) Indicação dos nomes e cargos dos membros do júri. No caso de haver substituição dos membros do júri, com a convocação de algum suplente por exemplo, desse facto dever-se-á fazer referência, bem como das razões ou fundamentos para a sua ocorrência.
(^{6}) Citar a legislação e demais normativos que prevêm e regulam os diferentes métodos de selecção.
(^{7}) Indicar os métodos de selecção utilizados.
(^{8}) Especificar com objectividade os factores de apreciação e ponderação tidos em conta em cada um dos métodos de selecção, devendo o júri do concurso enunciar na própria acta a fórmula de classificação final dos candidatos que adoptou, quer indicando-a e explicando-a expressamente na própria acta, quer remetendo para o normativo onde ela vem prevista e regulada.
(^{9}) Nome do candidato.
(^{10}) Indicar expressamente as notas atribuídas em cada um dos métodos de selecção utilizados, procurando que elas traduzam, tanto quanto possível, uma avaliação objectiva da personalidade e capacidade dos candidatos. Transcrever a fórmula de classificação final dos candidatos, aplicando-a em concreto ao candidato em apreço através da inserção aí das notas atribuídas em cada um dos items classificativos.
(^{11}) Nome do candidato.
(^{12}) Nota final.
(^{13}) Assinaturas dos membros do júri (e do funcionário externo que o secretaria no caso de ter sido nomeado).

Nas operações de *classificação e ordenação final dos candidatos a concurso*, o júri tem de ter em conta os seguintes parâmetros:
1.° Que a *classificação final* a atribuir ao candidato é aquela que resulta da *média aritmética simples ou ponderada* das classificações obtidas em cada um dos métodos de selecção (art. 36.°, n.° 2).
2.° **Que *é de 0 a 20 valores* a escala a adoptar na classificação final**, considerando-se excluídos os candidatos que nas fases ou métodos de selecção eliminatórios ou na classificação final obtenham classificação inferior a 9,5 valores e, bem assim, os que sejam considerados não aptos no exame médico de selecção (art. 36.°, n.° 1).
3.° Que em caso de *igualdade de classificação em concursos internos* preferem, sucessivamente (art. 37.°, n.° 1):
   a) O candidato mais antigo na categoria, na carreira ou na função pública;

b) O candidato do serviço ou organismo interessado;

c) O candidato que desempenhe funções ou resida fora do município em que se situa o serviço para que é aberto o concurso, desde que neste município ou em município limítrofe desempenhe funções o funcionário ou agente seu cônjuge ou com quem viva em condições análogas às dos cônjuges.

4.º Que em caso de *igualdade de classificação em concursos externos* preferem os candidatos cujos cônjuges, ou pessoas que com eles vivam e possuam a qualidade de agentes ou funcionários, estejam colocados em serviço ou organismo sito no mesmo município ou em municípios limítrofes do serviço ou organismo para que é aberto concurso (art. 37.º, n.º 2).

5.º Que na eventualidade de subsistir igualdade após a aplicação dos critérios legais referidos anteriormente, competirá então ao júri do concurso estabelecer outros critérios de preferência (art. 37.º, n.º 3).

6.ª *Fase da audiência prévia sobre a lista de classificação final*

a) Após as operações de classificação e ordenação dos candidatos, o júri do concurso procederá à elaboração da respectiva acta, da qual constará o projecto de decisão relativa à classificação final e ordenação dos candidatos, bem como a sua fundamentação (art. 38.º, n.º 1);

b) **A proposta de decisão contida na** *acta*, **antes de ser homologada** pelo dirigente máximo do serviço ou pelo membro do Governo competente – isto no caso daquele primeiro ser membro do júri (art. 39.º, n.º 1) –, **deve ser submetida pelo júri a** *audiência prévia dos interessados* «no âmbito do exercício do direito de participação dos interessados, notificando-os para, no prazo de 10 dias úteis, contados nos termos do artigo 44.º, dizerem, por escrito, o que lhes oferecer» (art. 38.º, n.º 1);

c) O art. 100.º do C.P.A. prescreve que os interessados têm de ser ouvidos previamente pela Administração Pública antes de esta tomar sobre eles qualquer decisão ou acto administrativo definitivo lesivo dos seus interesses.

Deste modo, a nossa Administração Pública, antes de tomar qualquer decisão definitiva que afecte os direitos e interesses dos administrados, deve primeiramente dar-lhes conhecimento do conteúdo dessa sua proposta de decisão de modo a habilitá-los a uma melhor defesa dos seus interesses, garantindo-se assim, e simultaneamente, uma maior credibilidade e aceitação dos seus actos administrativos definitivos por parte da generalidade dos cidadãos da comunidade em que aquela mesma Administração se insere e pretende servir.

d) Embora esta *fase da audiência prévia dos interessados* não seja originariamente uma fase própria e específica do processo de concurso de pessoal (resultante do respectivo regime legal), ela acabou porém por ser aqui enxertada obrigatoriamente por força do disposto nos arts. 100.° e seguintes do C.P.A.. Efectivamente, a natureza paraconstitucional e, consequentemente, imperativa do art. 100.° do C.P.A. (mais concretamente dos arts. 100.° a 105.°) impôs ao legislador ordinário a inclusão no procedimento administrativo do concurso desta fase de audição no âmbito do exercício do direito de participação dos interessados antes da homologação da acta do júri do concurso que contém a lista de classificação final e ordenação dos candidatos (art. 38.° do Dec.-Lei n.° 204/98).

E porquê a audição dos candidatos antes da homologação da acta contendo a lista de classificação final?

Pela simples razão do acto da homologação, ao constituir ou tornar definitiva a lista de classificação final dos candidatos, ser ele próprio um *acto administrativo definitivo*. Daí a audição dos candidatos ter de ser prévia ao acto da homologação.

O art. 48.° prescreve, a este propósito, que se aplica o disposto nos arts. 100.° a 105.° do CPA «em tudo o que não se encontrar especialmente previsto» no Dec.-Lei n.° 204/98 «relativamente ao exercício do direito de participação dos interessados».

e) A *notificação* para a audiência prévia dos interessados deverá fazer-se do seguinte modo:

    1.° A notificação conterá, em primeiro lugar, a indicação do local e horário de consulta do processo (art. 38.°, n.° 2);
    2.° Quanto à forma da notificação poderá ela ser feita por:
    I – Ofício registado, quando o número de candidatos seja inferior a 100, sendo enviada a acta do júri que define os critérios de classificação, a sua aplicação ao interessado e o projecto de lista de classificação fina (art. 38.°, n.° 3); recorde-se que nos Açores aquele número foi fixado em 50;
    II – Publicação de aviso no Diário da República, 2.ª Série, (para a Administração Local tal publicidade faz-se através da 3ª Série do Diário da República enquanto que para as Administrações Regionais dos Açores e da Madeira a mesma se efectua através dos

*respectivos **Jornais Oficiais**) quando o número de candidatos seja igual ou superior a 100,* informando os interessados da afixação no serviço da lista de classificação final e da acta que define os respectivos critérios (art. 38.°, n.° 4);

III – No caso de concurso limitado a **notificação é feita através da afixação no serviço da lista de classificação final** e da acta que define os respectivos critérios, sendo ainda enviado ofício aos funcionários que, por motivos fundamentados, estejam ausentes das instalações do serviço (art. 38.°, n.° 5);

*IV – No **concurso misto**,* à notificação aplica-se o disposto nos números 1 a 5 do art. 38.° (art. 38.°, n.° 6).

3.° «Terminado o prazo para o exercício do direito de participação dos interessados, o júri aprecia as alegações oferecidas e procede à classificação final e ordenação dos candidatos» (art. 38.°, n.° 7). O prazo para a audição dos interessados, nos termos do art. 38.°, n.° 4, *in fine*, é de *10 dias úteis.*

f) O júri do concurso, durante o prazo da audiência dos interessados, receberá as *alegações escritas* apresentadas pelos candidatos, se as houver (art. 38.°, n.°1).

No caso do júri não receber quaisquer alegações escritas, ou recebendo-as as vier a considerar improcedentes, manterá então a proposta da lista de classificação final e ordenação dos candidatos, enviando de seguida, a acta que a contém para homologação.

Quer numa situação quer na outra o júri de concurso deverá fazer constar em acta da respectiva reunião aquilo que, a este propósito, vier a ser decidido.

Se, porém, existirem alegações escritas consideradas procedentes pelo júri do concurso, deverá este então proceder à consequente alteração da lista de classificação final e ordenação dos candidatos, lavrando-se acta em conformidade dessa reunião.

A acta do júri do concurso que contem a lista de classificação final dos candidatos, alterada na sequência da procedência de alguma ou algumas das reclamações apresentadas, acompanhada das restantes actas, será de seguida presente ao dirigente máximo do serviço ou membro do Governo competente, quando aquele for membro do júri, para efeitos de homologação, no prazo de 5 dias úteis (art. 39.°, n.° 1).

7.ª Fase da homologação da acta da classificação final

a) Findas as operações de classificação e ordenação dos candidatos, elaborada a lista de classificação final dos candidatos, efectuada a audiência dos interessados, o júri do concurso deverá no prazo de 5 dias úteis, apresentar a *acta contendo a lista classificativa final*, acompanhada das restantes actas, ao dirigente máximo do serviço ou ao membro do Governo, no caso daquele ser membro do júri, para que seja homologada (art. 39.º, n.º 1);

b) Embora nada se diga expressamente na lei quanto ao prazo que o dirigente máximo do serviço ou o membro do governo competente, quando aquele for membro do júri, dispõe para praticar o acto de *homologação,* somos do entendimento que este deve ser praticado logo de imediato ou de seguida à apresentação da acta que contém a lista de classificação final, isto em obediência às preocupações de celeridade que informam o novo regime jurídico do concurso e que se encontram expressas no próprio preâmbulo do Decreto-Lei n.º 204/98, de 11 de Julho e no seu art. 17.º (vd. ainda o art. 57.º do CPA).

c) A homologação consistirá materialmente na aposição da palavra *Homologo* na acta do júri do concurso, seguida da data e assinatura da entidade homologante;

d) «No concurso misto são elaboradas duas listas de classificação final, correspondentes às quotas a que se refere a alínea c) do n.º 4 do art. 6.º» (art. 39.º, n.º 2);

e) Após a homologação, segue-se a notificação da lista de classificação final aos candidatos (art. 39.º, n.º 3).

8.ª Fase da publicitação da lista da classificação final

a) *Publicitação da lista classificativa*. Homologada a acta proceder-se-á então à publicitação da lista de classificação final dos candidatos nos termos estabelecidos no art. 40.º. Aqui, ao contrário do que acontecia no diploma de concursos anterior, não se fixou qualquer prazo para se proceder à publicitação da lista classificativa. Contudo, impõe-se desde logo que a sua publicitação seja feita com a maior brevidade possível tendo em conta a preocupação legal de celeridade processual que presidiu à introdução do novo regime jurídico de concursos contido no Dec.-Lei n.º 204/98 (veja-se o seu preâmbulo e o disposto no seu art. 17.º).

A *publicitação* da lista de classificação final dos candidatos é da responsabilidade do júri do concurso (art. 14.°, n.° 1), competindo-lhe a sua efectivação através de:

    1.° Envio de ofício registado, com cópia da lista, quando o número de candidatos admitidos for inferior a 100 (50 no caso dos Açores);

    2.° Publicação de aviso no Diário da República, 2.ª Série, (3ª Série para a Administração Local e Jornais Oficiais para as Administrações Regionais dos Açores e da Madeira) informando os interessados da afixação da lista no serviço, quando o número de candidatos admitidos for igual ou superior a 100 (50 na Região Açores);

    3.° Afixação da lista no serviço.

De acordo com o art. 40.°, n.° 2, a *lista de classificação final deve conter os seguintes elementos*:

a) **A graduação dos candidatos**;

b) **A anotação sucinta, se for caso disso, dos motivos de não aprovação**;

c) **A indicação do prazo de interposição do recurso hierárquico e do órgão competente para a sua apreciação, quando haja lugar a este recurso.**

No *concurso limitado* a publicitação da lista de classificação final faz-se pela sua *afixação* no serviço, enviando-se ainda cópia da mesma aos «candidatos que, por motivos fundamentados, estejam ausentes das instalações do serviço» (art. 40.°, n.° 3).

«No *concurso misto* aplica-se o disposto nos n.ºs 1 e 3, de acordo com o número e a origem dos candidatos» (art. 40.°, n.° 4).

No caso de todos os candidatos se encontrarem no serviço a notificação da lista de classificação final dos candidatos pode ser *pessoal* (art. 40.°, n.° 5).

Se a publicitação da lista de classificação final dos candidatos for feita através de aviso inserto no Diário da República (ou Jornal Oficial das Regiões), esse aviso poderá assumir uma das seguintes formas:

MINUTA 9

AVISO INFORMANDO O LOCAL DE AFIXAÇÃO DA LISTA CLASSIFICATIVA
.....................................(¹)

AVISO

Nos termos da al. b) do n.º 1 do art. 40.º do Dec.-Lei n.º 204/98, de 11 de Julho (²), torna-se público que, a partir da data da publicação do presente aviso, se encontra afixada, para consulta, na .... (³), a lista de classificação final de candidatos ao concurso .... (⁴), cuja acta foi homologada por despacho do .... (⁵), concurso esse aberto através de aviso .... (⁶).

Da lista de classificação final, homologada em acta, cabe recurso hierárquico com efeito suspensivo, a interpor no prazo de 10 dias úteis, para o membro do Governo competente nos termos do art. 43.º, n.º 1 do Dec.-Lei n.º 204/98, de 11 de Julho.

Data ....

O Presidente do Júri,

.... (⁷)

NOTAS EXPLICATIVAS

(¹) Identificação do serviço.

(²) Em caso de concursos de pessoal abertos pelas Administrações Regionais dos Açores ou da Madeira ou Local dever-se-á fazer referência aos respectivos diplomas legais que adaptam aí o Dec.-Lei n.º 204/98, de 11 de Julho.

(³) Identificação do serviço, bem como, dentro deste, do local em concreto onde se pode ver afixada a lista de classificação final dos candidatos.

(⁴) Identificação do tipo de concurso e do seu objectivo.

(⁵) Referência à entidade que homologou a acta e à data do respectivo despacho de homologação.

(⁶) Referência ao Diário da República ou Jornal Oficial em que veio publicado o aviso de abertura de concurso (ou à data da fixação do aviso no serviço).

(⁷) Assinatura do presidente do júri.

Segue-se uma minuta da **lista de classificação final** a ser afixada no serviço:

MINUTA 10

**LISTA DE CLASSIFICAÇÃO FINAL
DO CONCURSO** .... (¹)

Nos termos e para os efeitos previstos no art. 40.º do Dec.-Lei n.º 204/98, de 11 de Julho (²), é a seguinte a lista de classificação final dos candidatos ao concurso supra identificado:
1. .... (³)
2. (...)
3. (...)
Não foram aprovados os seguintes candidatos pelas razões que sucintamente se aduzem:
1. .... (⁴)
(...)
Da homologação da lista de classificação final feita pelo dirigente máximo do serviço cabe recurso hierárquico com efeito suspensivo, a interpor no prazo de 10 dias úteis, para o .... (⁵).
Local, Data .... (⁶)

O Presidente do Júri,
.... (⁷)

NOTAS EXPLICATIVAS

(¹) Identificação do tipo e objectivo do concurso.

(²) Em caso de concursos abertos aberto pelas Administrações Regionais dos Açores e da Madeira ou Local dever-se-á fazer referência aos respectivos diplomas legais que adaptam aí o Dec.-Lei n.º 204/98, de 11 de Julho.

(³) Nome e nota final do candidato aprovado (art. 40.º, n.º 2).

(⁴) Nome do candidato não aprovado seguindo-se a explanação sucinta das razões da sua não aprovação (art. 40.º, n.º 2).

(⁵) Indicação em concreto do órgão competente para a apreciação do recurso (arts. 40.º, n.º 2 e 43.º, n.º 2). Esta referência só é de fazer-se quando haja lugar a recurso hierárquico. Como na Administração Local não se admite legalmente tal recurso torna-se desde logo dispensável esta referência (cfr. art. 5.º do Dec.-Lei n.º 238/99, de 25 de Junho).

(⁶) Nome da localidade em que o júri se encontra e a que se refere a lista de classificação final seguido de data.

(⁷) Assinatura do presidente do júri do concurso.

b) **Recurso.** De acordo com o preceituado no art. 43.º, n.º 2, "da homologação **da lista de classificação final** feita pelo dirigente máximo do serviço cabe **recurso hierárquico, com** *efeito suspensivo*, a interpor no prazo de 10 dias úteis para o membro do Governo competente". Por sua vez, o art. 46.º estipula que **o membro do governo dispõe de um** *prazo para decisão do recurso de 15 dias úteis* «contado da data da remessa do processo pelo órgão recorrido ao órgão competente para dele conhecer, considerando-se o mesmo *tacitamente indeferido,* com cessação do efeito suspensivo, quando não seja proferida decisão naquele prazo».

Concretizando, este instituto do recurso caracteriza-se por:

a) Ter como acto administrativo recorrível o *acto da homologação da acta do concurso* que contém a lista de classificação final (arts. 39.º, n.º 1 e 43.º, n.º 2);

b) O prazo de 10 dias úteis para interpôr aqui recurso conta-se a partir da data da publicitação da lista classificativa devidamente homologada, da data de afixação da lista de classificação no serviço ou da data da notificação pessoal (arts. 40.º, n.º 1, al. b) e 44.º, als. b) a d));

c) Ter efeito suspensivo (art. 43.º, n.º 2);

d) Ser interposto directamente para o membro do governo competente (art. 43.º, n.º 2).

Convém fazer aqui um pequeno parênteses para referir alguns aspectos sobre o recurso hierárquico, a começar desde logo pela sua natureza.

De acordo com o art. 167.º, n.º 1 do C.P.A. **há** *dois tipos de recurso* **hierárquico**, a saber:

1.º *O recurso hierárquico necessário* – quando o acto administrativo a impugnar é insusceptível de recurso contencioso, isto é, não pode ser de imediato impugnado pela via judicial ou dos tribunais.

2.º *O recurso hierárquico facultativo* – quando o acto administrativo a impugnar não é insusceptível de recurso contencioso, isto é, quando o acto pode ser impugnado pela via judicial ou dos tribunais.

Ora, porque o *acto da homologação da acta do concurso* que contem e aprova a lista classificativa final é um *acto administrativo definitivo no sentido que põe fim ao procedimento administrativo do concurso,* tem por isso mesmo a natureza de um acto *recorrível contenciosamente* de acordo com o preceituado no art. 25.º do Dec.-Lei n.º 267/85, de 16 de Julho, que aprovou a Lei do Processo nos Tribunais Administrativos. Contudo, por força do disposto no art. 43.º, n.º 2 o *recurso aí previsto parece possuir uma natureza imperativa, isto é, ser um recurso hierárquico necessário.*

A destrinça entre recursos hierárquicos necessários e facultativos baseada na irrecorribilidade ou recorribilidade contenciosa do acto administrativo acolhida no art. 167.º, n.º 1, do CPA, é, porém, contestada por um sector importante da nossa doutrina que entende que a própria existência da figura do recurso hierárquico necessário deixou de ter pouca razão de ser a partir do momento em que a revisão constitucional de 1989 eliminou da redacção do art. 268.º, n.º 4, da CRP a expressão de actos administrativos «definitivos e executórios». Os defensores desta tese vão mesmo ao ponto de sustentar que, como consequência daquela revisão constitucional, se assistiu a uma caducidade, por inconstitucionalidade superveniente, do preceito contido no n.º 1 do art. 25.º da Lei de Processo nos Tribunais Administrativos, conduzindo assim ao desaparecimento puro e simples do instituto do recurso hierárquico necessário. Contudo, não parece ser este o entendimento perfilhado pela nossa jurisprudência.

Através de vários Acórdãos do Supremo Tribunal Administrativo (STA), e mesmo do Tribunal Constitucional, se pronunciou a jurisprudência no sentido da manutenção em vigor do recurso hierárquico necessário logo da sua constitucionalidade. Deixamos transcrito a este propósito a parte elucidativa do Acórdão do STA de 17 de Novembro de 1994 (Acórdãos Doutrinais, n.º 401, página 512) em que se afirma:

«I – O afastamento, pela revisão constitucional de 1989, dos requisitos da definitividade e da executoriedade como determinantes da admissibilidade da impugnação contenciosa do acto, focalizando-se agora o critério de selecção no carácter lesivo ou não lesivo do acto, para direitos ou interesses legalmente protegidos, não implica a abertura de um recurso contencioso imediato, sendo admissível que se imponha ao administrado o prévio esgotamento das vias graciosas, a não ser naqueles casos em que o percurso imposto por lei para se alcançar a reacção contenciosa esteja de tal modo eivado de escolhos que, na prática, suprima ou restrinja em medida intolerável o direito dos cidadãos ao recurso contencioso.

II – Com efeito, ressalvadas estas situações excepcionais, a exigência legal do pressuposto da impugnação administrativa necessária não contraria o n.º 4 do artigo 268.º da Constituição, pois se trata de um condicionamento legítimo do direito de recurso contencioso, e não de uma sua restrição, dado que o acto é recorrível mediatamente, incorporado no acto, expresso ou tácito, que decide o recurso hierárquico».

Face a este raciocínio, a hipótese do candidato, que se sentiu subjectivamente prejudicado nos seus interesses, reagir apenas através da interposição *directa do recurso contencioso*, sem fazer prévio uso do recurso hierárquico contra o acto de homologação com o qual não se conforma, parece-nos ser assim de afastar aqui, tanto mais que essa hipótese seria ainda de *per si* passível de crítica na medida em que o candidato interessado aí parece negligenciar as possibilidades que o art. 43.º, n.º 2 lhe dá de conseguir obter a resolução pacífica e graciosa do problema que o afecta. A opção pela via de recurso directo para os tribunais não permite assim explorar o campo das possibilidades de autoretratação da Administração Pública relativamente a actos administrativos seus que vier a concluir estarem incorrectos ou mesmo feridos de ilegalidade. Os institutos da reforma, conversão, rectificação e revogação dos actos administrativos, previstos no CPA, ficariam assim aqui sem qualquer campo de aplicação ou, pelo menos, com um âmbito de aplicação *a priori* muito restringido.

Sobre a reforma, conversão, rectificação e revogação dos actos administrativos vejam-se os arts. 137.º e seguintes do C.P.A.. Vd. art. 28.º da Lei do Processo dos Tribunais Administrativos, aprovada pelo Dec.-Lei n.º 267/85, de 16 de Julho e alterado pelo Dec.-Lei n.º 229/96, de 29 de Novembro.

Outro aspecto que nos mereçe especial destaque ainda prende-se com a redacção do art. 43.º, n.º 2, do Dec.-Lei n.º 204/98. Este artigo ao preceituar expressamente que da homologação feita pelo *dirigente máximo do serviço* cabe recurso hierárquico a interpor para o membro do Governo competente parece querer fixar uma preferência legal pela atribuição da competência para homologar ao dirigente máximo do serviço, não obstante a admissão no art. 39.º, n.º 1 da possibilidade dessa homologação poder ser feita pelo próprio membro do Governo (nomeadamente quando aquele for membro do júri). A redacção adoptada parecer querer indicar ainda uma outra preferência: de que aos membros do Governo fique apenas reservada uma competência de apreciação e decisão de recursos. Consequentemente, o que dever sobressair aqui é a preocupação prática de evitar as situações de homologação das actas por parte destes, situações essas que, a acontecerem com frequência, acabariam por esvaziar e eliminar em concreto a aplicabilidade do recurso hierárquico previsto no art.

43.°, n.° 2. Daí a própria natureza excepcional ou residual dada ao acto de homologação pelo membro do Governo pelo art. 39.°, n.° 1.
Quid juris se a homologação for feita pelo membro do governo? Embora reconhecendo não ser, repita-se, esta situação a mais desejável legalmente, a verificar-se, resta apenas ao candidato o *recurso directo para os tribunais*, por inexistência de entidade supra a quem recorrer e uma vez que agora se vedou legalmente aqui a via da reclamação (art. 43.°, n.° 3).

Quanto à norma expressa no art. 51.° do Dec.-Lei n.° 204/98 é ela inovadora na medida em que é a primeira vez que, num regime legal de concursos, se estipula "preto no branco", as consequências da execução de uma sentença favorável a um pedido contido num recurso contencioso de anulação, nomeadamente quando aí se preceitua que o **«recorrente que adquira o direito ao provimento poderá sempre exigi-lo, ainda que como supranumerário, em lugar a extinguir quando vagar».**

c) *Prazo para decidir sobre o recurso*. O membro do Governo competente tem um prazo de *15 dias úteis* para decidir a contar da data da remessa do processo pelo órgão recorrido ao órgão competente para dele conhecer e decidir (art. 46.°). Esta nova redacção do art. 46.° visou compatibilizar o regime jurídico dos concursos com o disposto no art. 175.°, n.° 1, do CPA em que já se falava em *"data da remessa do procedimento ao orgão competente para dele conhecer"* (cfr. Parecer da Procuradoria Geral da República, in Processo n.° 42/92, publicado no Diário da República, 2.ª Série, n.° 107, de 9 de Maio de 1994, págs. 4345).

9.ª Fase do provimento
a) **Provimento.** O art. 41.° é dedicado à figura do *provimento* que consiste na "designação formal dos indivíduos que, anteriormente recrutados, deverão ser investidos nos lugares" postos a concurso (João Alfaia, in "Conceitos Fundamentais do Regime Jurídico do Funcionalismo Público", Volume I, Livraria Almedina, Coimbra, 1985, pág. 372).

Com a abolição do diploma do provimento operada pelo art. 8.°, n.° 4 do Decreto-Lei n.° 427/89, o provimento confunde-se hoje com o despacho de nomeação, a que se refere o art. 4.°, n.° 1 daquele diploma.

b) **Ordem de provimento.** De acordo com o art. 41.°, n.° 1 "os candidatos aprovados são nomeados segundo a ordenação das respectivas listas de classificação final".

Daquela lista de classificação final deverão contudo, ser retirados os candidatos aprovados que:

"*a*) Recusem ser providos no lugar a que têm direito de acordo com a sua ordenação;

b) Não compareçam para tomar posse ou aceitação no prazo legal, por motivos que lhes sejam imputáveis;

c) Apresentem documentos inadequados à prova das condições necessárias para o provimento ou não façam a sua apresentação no prazo fixado;

d) Apresentem documento falso" (vd. art. 42.°).

c) **Despacho de nomeação**. Os candidatos aprovados em concurso só podem ter os respectivos despachos de nomeação proferidos depois de "*decorrido o prazo de interposição do recurso hierárquico da homologação da lista de classificação final ou, sendo interposto, da sua decisão expressa ou tácita*" (art. 41.°, n.° 2).

"A nomeação em lugar de ingresso", segundo o preceituado no art. 6.°, n.° 1 do Dec.-Lei n.° 427/89, "*é provisória durante um período probatório*", *geralmente de 1 ano*, "e converte-se automaticamente em definitiva, independentemente de quaisquer formalidades, no seu termo" (art. 6.°, n.° 2 do mesmo diploma).

No art. 6.°, n.° 3 do Dec.-Lei n.° 427/89, enunciam-se duas excepções à regra do seu n.° 1, a saber:

1.° Quando o funcionário a nomear em lugar de ingresso já estiver nomeado definitivamente em lugar de outra carreira, durante o período probatório a nomeação é feita em *comissão de serviço* (art. 6.°, n.° 3, al. a) e n.° 4 do Dec.-Lei n.° 427/89);

2.° Quando a nomeação for precedida de frequência de estágio de duração igual ou superior a 1 ano, então a nomeação em lugar de ingresso é *definitiva* (art. 6.°, n.° 3, al. b) e n.° 5 do Dec.-Lei n.° 427/89).

Já no caso da nomeação ser precedida da frequência de estágio de duração inferior a 1 ano, a nomeação em lugar de ingresso será em *comissão de serviço* ou *provisória*, consoante a pessoa a nomear possua ou não à altura a qualidade de funcionário (de outra carreira), e é feita pelo tempo que faltar para que se complete aquele período (art. 6.°, n.° 6 do Dec.-Lei n.° 427/89).

Quanto à *nomeação em lugar de acesso* é ela sempre *definitiva*, salvo no caso de recrutamento excepcional previsto no art. 28.° do Dec.-

-Lei n.º 184/89, de 2 de Junho, alterado pela Lei n.º 25/98, de 26 de Maio (princípios gerais em matéria de emprego público, remunerações e gestão de pessoal da Administração Pública), o qual se transcreve na íntegra:

«Excepcionalmente, em casos devidamente fundamentados, podem ser recrutados, mediante *concurso externo,* para lugares de acesso indivíduos que possuam licenciatura adequada e qualificação e experiência profissional de duração não inferior à normalmente exigível para acesso à categoria, bem como indivíduos habilitados com mestrado ou doutoramento».

A propósito desta matéria há ainda a referir o disposto no art. 41.º do Decreto-Lei n.º 353-A/89, de 16 de Outubro que, sobre a admissão em lugares de acesso, prescreve que «sempre que o concurso destinado ao preenchimento de lugares de ingresso em carreiras dos grupos de pessoal técnico superior e técnico fique deserto, pode ser aberto concurso, sem prejuízo do regime de estágio, para o preenchimento de lugares vagos na categoria imediatamente superior».

d) **Apresentação da documentação necessária ao provimento**. Os candidatos aprovados em concurso têm, por força do disposto no art. 41.º, n.º 3, de ser «notificados por *ofício registado, para no prazo máximo de 10 dias úteis,* procederem à entrega dos documentos necessários para o provimento que não tenham sido exigidos na admissão a concurso», prazo esse que «pode ser prorrogado até 15 dias úteis, em caso excepcionais, quando a falta de apresentação de documentos dentro do prazo inicial não seja imputável ao interessado» (art. 41.º, n.º 4).

«A documentação pode ser enviada por correio registado, até ao último dia do prazo, relevando neste caso a data do registo» (art. 41.º, n.º 5).

Sobre a restituição e destruição de documentos presentes a *concurso* veja-se o disposto no art. 50.º. Se no prazo máximo de 1 ano após o termo do prazo de validade do concurso o candidato não solicitar a restituição da respectiva documentação, esta é destruída. No caso de concursos que tenham sido objecto de recurso contencioso a documentação apresentada pelos candidatos só poderá ser destruída ou restituída após a execução da sentença.

MINUTA 11

DESPACHO

Por despacho do .... (^{1}), de .... (^{2}), ... (^{3}) .... (^{4}), é provido, por .... (^{5}), no lugar de .... (^{6}).

Tribunal de Contas: .... (^{7})

NOTAS EXPLICATIVAS

(^{1}) Indicação da entidade competente para a emissão do despacho de nomeação.
(^{2}) Data do despacho.
(^{3}) Nome completo do provido.
(^{4}) Indicar expressamente o concurso em que foi aprovado, identificando-o através do respectivo aviso de abertura.
(^{5}) Indicar a forma de provimento: nomeação, comissão de serviço, etc.
(^{6}) Menção do lugar ou categoria em que o candidato é provido.
(^{7}) Visto ou anotação do Tribunal de Contas. No caso de estar dispensado de apreciação daquele Tribunal, fazer disso referência.

V
O PROCESSO DE CONCURSO NA ADMINISTRAÇÃO LOCAL. ESPECIFICIDADES

1. *O Decreto-Lei n.º 204/98, de 11 de Julho*, prevê no seu art. 2.º, n.º 2, a aplicação, com as necessárias adaptações, do regime jurídico do concurso às carreiras e categorias da Administração Local.
Foi isso precisamente o que o Dec.-Lei n.º 238/99, de 25 de Junho veio fazer, com ele se revogando o Dec.-Lei n.º 52/91, de 25 de Janeiro (art. 8.º).
Vejamos pois, sucintamente, as alterações por ele introduzidas ao regime jurídico de recrutamento e selecção de pessoal constante daquele diploma.

2. *Entidade competente para autorizar a abertura do concurso (art. 9.º).* A entidade competente para autorizar a abertura de concurso ao nível da Administração Local é o *Presidente da Câmara* (art. 4.º, n.º 1, do Dec.-Lei n.º 238/99).
Cabe-lhe, simultaneamente, a competência para fixar a constituição do júri no respectivo despacho de autorização de abertura do concurso.
Quanto à competência para autorizar a abertura do concurso ao nível dos Serviços Municipalizados pertence ela ao respectivo Conselho de Administração. No que diz respeito às freguesias e assembleia distritais aquela competência cabe, respectivamente, à Junta de Freguesia e à Assembleia Distrital (art. 4.º, n.º 1, als. b) a d)).

3. *Outras competências.* No que diz respeito à competência para aprovação dos programas das provas de conhecimentos gerais e especiais a que se refere o art. 21.º, n.ᵒˢ 1 e 3, do Dec.-Lei n.º 204/98, determina o art. 4.º, n.º 2, do Dec.-Lei n.º 238/99, que nos municípios ela pertence ao Presidente da Câmara Municipal, nos serviços municipalizados ela cabe aos seus conselhos de administração, enquanto que nas freguesias

e assembleias distritais aquela mesma competência é reconhecida, respectivamente, à Junta de Freguesia e à Assembleia Distrital.

A competência para homologar a acta que contém a lista de classificação final – que deverá ser acompanhada das restantes actas de forma a permitir à entidade homologante uma perspectiva global da correcção legal de todo o procedimento administrativo do concurso (art. 39.º, n.º 1, do Dec.-Lei n.º 204/98) –, bem como a competência para analisar e decidir do recurso hierárquico de exclusão do concurso a que se refere o art. 43.º, n.º 1, do Dec.-Lei n.º 204/98, reportam-se:

«*a*) Ao presidente da câmara municipal ou à câmara municipal, no caso do presidente ser membro do júri nos municípios;

b) Ao conselho de administração, nos serviços municipalizados;

c) À junta de freguesia, nas freguesias;

d) À assembleia distrital, nas assembleias distritais».

(Cfr. art. 4.º, n.º 3 do Dec.-Lei n.º 238/99, de 25 de Junho)

Através do art. 4.º do Dec.-Lei n.º 238/99, de 25 de Junho, que consagra a figura de uma delegação legal de competência, prescreve-se que «as competências conferidas:

a) No n.º 1, alínea b), e n.º 2, alínea b) ao conselho de administração, consideram-se delegadas no respectivo presidente;

b) No n.º 3, alíneas b) e c), respectivamente, ao conselho de administração e à junta de freguesia, consideram-se delegadas no respectivo presidente quando este não for membro do júri».

4. **Conteúdo do aviso de abertura do concurso.** Neste aviso deve constar, obrigatoriamente, para além do previsto no art. 27.º do Dec.-Lei n.º 204/98, de 11 de Julho, menção do *Parecer do Centro de Estudos de Formação Autárquica* (em Coimbra), a que se refere o art. 21.º do Dec.-Lei n.º 247/87, de 17 de Junho.

Isto no que se refere aos *concursos de ingresso para a categoria de assistente administrativo*.

No caso de *concursos externos*, embora nada exista agora legalmente que o obrigue, dever-se-á continuar, a nosso ver, a fazer *menção do parecer da Direcção-Geral da Administração Pública* respeitante ao facto de se ter procedido à consulta do Departamento de Reclassificação, Reconversão e Colocação de Pessoal quanto à verificação da existência ou não de excedentes ou funcionários ou agentes subutilizados na função pública (art. 19.º do Dec.-Lei n.º 13/97, de 17 de Janeiro).

Quanto ao requisito da necessidade da existência de despacho de descongelamento prévio ao processo de recrutamento não é ele exigível relativamente à abertura dos concursos externos da responsabilidade das autarquias, bastando aqui a informação interna dos serviços de existência de cabimento orçamental.

5. **Composição do júri.** O art. 2.º, do Dec.-Lei n.º 238/99 preceitua a este propósito que, em primeiro lugar, "a *presidência do júri* cabe a um dos membros dos órgãos referidos no n.º 2 do art. 4.º", a saber, ao presidente da câmara, conselho de administração, junta de freguesia ou assembleia distrital, «ou a dirigente dos serviços, de preferência da área funcional a que o recrutamento se destina», e que, em segundo lugar, nenhum dos membros do júri pode "ter categoria inferior àquela para que é aberto o concurso, excepto se forem membros dos órgãos citados ou exercerem cargo dirigente».

6. **Recurso a entidades estranhas ao júri.** O Presidente da Câmara, o Conselho de Administração dos serviços municipalizados, a Junta de Freguesia e a Assembleia Distrital, «sob proposta do júri, podem solicitar ao Ministério do Equipamento, Planeamento e da Administração do Território (ou à Secretaria Regional, no caso das Regiões Autónomas, com a tutela das autarquias) ou a outras entidades públicas ou privadas especializadas na matéria ou detentoras de conhecimentos técnicos específicos exigíveis para o exercício do cargo a realização de todas ou parte das operações do concurso» (art. 3.º, do Dec.-Lei n.º 238/99, de 25 de Junho).

7. **Publicações.** As publicações referenciadas no Dec.-Lei n.º 204/98 reportam-se à 3ª Série do Diário da República no que concerne a concursos de pessoal na Administração Local (art. 6.º do Dec.-Lei n.º 238/99, de 25 de Junho).

8. **Recurso.** A novidade introduzida nesta matéria pelo Dec.-Lei n.º 238/99, de 25 de Junho tem a ver com a afastamento da possibilidade legal do recurso hierárquico da homologação da acta que contém a lista de classificação final, isto na medida em que o seu art. 5.º determina expressamente que daquela homologação "cabe recurso nos termos do regime geral do contencioso administrativo".

9. *Regime transitório.* O art. 7.º do Dec.-Lei n.º 238/99, de 25 de Junho determina que o novo regime por ele introduzido «não se aplica aos concursos cujo aviso de abertura tenha sido publicitado até à data da sua entrada em vigor, salvo os casos de reconstituição da situação actual hipotética em sede de execução de sentença».

VI

PROCESSO DE CONCURSO DE PESSOAL NA ADMINISTRAÇÃO REGIONAL DOS AÇORES. ESPECIFICIDADES

1. *O DLR n.º 27/99/A, de 31 de Julho.* Trata-se do diploma regional que procedeu à adaptação à Região Autónoma dos Açores do regime geral de recrutamento e selecção de pessoal na administração pública constante do Dec.-Lei n.º 204/98, de 11 de Julho. Com aquele diploma operou-se a revogação tácita do DLR n.º 3/94/A, de 29 de Janeiro, que adaptava aos Açores o anterior regime de concursos de pessoal na função pública contido no Dec.-Lei n.º 498/88, de 30 de Dezembro, entretanto revogado.

O DLR n.º 27/99/A, de 31 de Julho aplica o Dec.-Lei n.º 204/98, de 11 de Julho, com as adaptações introduzidas por aquele, a todos os serviços da administração pública regional dos Açores, bem como aos fundos públicos e institutos públicos na modalidade dos serviços personalizados (art. 1.º).

2. *Competência para autorizar a abertura do concurso.* De acordo com o art. 5.º do DLR n.º 27/99/A tal competência cabe na Administração Pública dos Açores ao:

a) **Dirigente máximo do serviço** competente para a realização do concurso, entendendo-se assim este serviço como reportado ao instituto público;

b) **Director Regional ou equiparado** que tiver a seu cargo o recrutamento e a gestão de pessoal do respectivo departamento governamental;

c) **Director Regional de Organização e Administração Pública**, no caso de centralização do recrutamento nos termos do art. 11.º.

3. **Competência para decidir da centralização do concurso.** De acordo com o art. 5.º do DLR n.º 27/99/A, de 31 de Julho, é ao Conselho do Governo Regional que cabe decidir, através de resolução, sobre a centralização na Direcção Regional da Organização e Administração Pública do recrutamento para as *categorias de ingresso* (Vd. art. 11.º, do Dec.-Lei n.º 204/98).

4. **Recurso a entidades estranhas ao júri.** A entidade nacional referenciada no art. 14.º, n.º 2, do Dec.-Lei n.º 204/98 é substituída nos Açores pelo departamento competente da Administração Regional, ou seja pela Direcção Regional da Organização e Administração Pública (art. 5.º, do DLR n.º 27/99/A).

5. **Regulamento dos Concursos e Programa das Provas.** O art. 2.º, n.º 1 do DLR n.º 27/99/A determina que "os *conteúdos funcionais, a definição dos métodos de selecção* a utilizar para cada categoria e os *programas de provas* serão elaborados pelos serviços e organismos competentes para realizar as acções de recrutamento e selecção, devendo os mesmos ser objecto de parecer pelos serviços dependentes do Secretário Regional Adjunto da Presidência e aprovados por despacho conjunto dos mesmos Secretário Regional e do membro do Governo Regional da tutela». Se aquele parecer não for proferido no prazo de 30 dias úteis, os documentos dele dependentes consideram-se como tacitamente aprovados (n.º 2 deste mesmo preceito). Quanto àquele despacho conjunto deverá ele conter os elementos discriminados no art. 2.º, n.º 3, do DLR n.º 27/99/A.

No aviso de abertura deverá obrigatoriamente fazer-se uma menção expressa ao regulamento de concursos e ao programa de provas, se for caso disso (art. 2.º, n.º 4, do DLR n.º 27/99/A).

6. **Competência delegada para aprovação das provas de conhecimentos.** (art. 21.º, n.º 4). Esta competência cabe nos Açores ao Director Regional de Organização e Administração Pública (art. 5.º do DLR n.º 27/99/A).

7. **Notificação.** Sem que se consiga descortinar qualquer razão específica para a adaptação aqui operada, o que é certo é que o art. 3.º do DLR n.º 27/99/A fixou em 50, para efeitos de notificação, o número de candidatos a que se refere os n.ºs 2 do art. 34.º, 3 e 4 do art. 38.º e as als. a) e b) do n.º 1 do art. 40.º do Dec.-Lei n.º 204/98.

8. **Publicitações.** Os actos do processo do concurso que, de acordo com a lei, carecem de publicação, são publicados na Região Autónoma dos Açores no respectivo Jornal Oficial, 2.ª Série (art. 6.º do DLR n.º 27/99/A).
Para além da publicidade em órgão de imprensa a que se refere o art. 28.º, n.º 1 do Dec.-Lei n.º 204/98 deverá tal publicidade ser ainda feita nos Açores em pelo menos dois órgãos de imprensa escrita da Região (art. 4.º do DLR n.º 27/99/A).

9. **Descongelamentos.** Os serviços e organismos da Administração Pública Regional dos Açores só podem proceder à abertura de concursos externos de ingresso na função pública a partir do momento que obtenham prévia autorização de descongelamento dos lugares que se pretendam pôr a concurso nos termos do disposto no art. 12.º do DLR n.º 5/87/A, de 26 de Maio, que adaptou à Região o Dec.-Lei n.º 41/84, de 3 de Fevereiro.

VII

PROCESSO DE CONCURSO DE PESSOAL NA ADMINISTRAÇÃO REGIONAL DA MADEIRA. ESPECIFICIDADES

1. *A Resolução n.º 1014/98, de 11 de agosto de 1998 do Governo Regional da Madeira* **(in JORAM, 1.ª Série, n.º 53, de 11 de Agosto de 1998)**. O regime de recrutamento e selecção de pessoal constante do Dec.--Lei n.º 204/98 foi adaptado à Administração Pública da Madeira através daquela Resolução, mas de uma forma *sui generis* resultante da manutenção em vigor do DLR n.º 14/89/M, de 6 de Junho.

A originalidade aqui reside no facto deste diploma se tratar precisamente do diploma que procedeu à aplicação e adaptação àquela Região do anterior regime jurídico de recrutamento e selecção constante do Dec.--Lei n.º 498/88, de 30 de Dezembro, entretanto revogado pelo Dec.-Lei n.º 204/98.

2. *Competência para autorizar a abertura do concurso, homologação de actas e interposição de recursos.* As competências nestas matérias são exercidas, por força da estatuição contida no ponto 1 da Resolução em apreço, nos termos do disposto no DLR n.º 14/89/M, de 6 de Junho.

Assim, temos:

I. Como entidades competentes para autorizar a abertura de concurso:

a) O membro do Governo Regional competente para a sua realização;

b) O Secretário Regional da Administração Pública, no caso de centralização de recrutamento para categorias de ingresso de carreiras comuns.

(Art. 2.º, do DLR n.º 14/89/M)

II. Como entidade competente para homologar as actas, o membro do Governo Regional competente (art. 1.º, n.º 2 do DLR n.º 14/89/M).

III. Como entidade competente para a interposição de recursos, o plenário do Governo Regional (art. 1.º, n.º 5, do DLR n.º 14/89/M).

3. *Publicações.* As referências ao Diário da República feitas no Dec.-Lei n.º 204/98 continuam a reportar-se na Madeira ao seu Jornal Oficial (ponto 2 da Resolução em análise e art. 1.º, n.º 4, do DLR n.º 14/89/M).

4. *Recrutamento centralizado.* É autorizado por decisão do Governo Regional, sendo o procedimento administrativo centralizado na Direcção Regional da Administração Pública e Local (cfr. ponto 3 da Resolução n.º 1014/98 e art. 4.º do DLR n.º 14/89/M).

5. *Competências constantes dos arts. 14 e 21 do Decreto-Lei n.º 204/ /98* (recursos a entidades estranhas ao júri e competência para aprovação do programa das provas de conhecimentos). As competências cometidas à Direcção-Geral da Administração Pública naqueles preceitos reportam--se na Região Autónoma da Madeira à Direcção Regional da Administração Pública e Local e ao seu Director Regional, respectivamente (cfr. ponto 4 da Resolução em causa).

VIII

RECRUTAMENTO E SELECÇÃO DO PESSOAL DIRIGENTE DA NOSSA ADMINISTRAÇÃO PÚBLICA

1. Originariamente o Dec.-Lei n.º 323/89, de 26 de Setembro, estabelecia no seu art. 4.º, n.º 1 que «o recrutamento para os cargos de director de serviços e chefe de divisão é feito, *por escolha*, de entre funcionários que reúnem cumulativamente os seguintes requisitos:
   a) Licenciatura adequada;
   b) Integração em carreira de grupo de pessoal técnico superior;
   c) Seis ou quatro anos de experiência profissional em cargos inseridos em carreiras do grupo de pessoal a que alude a alínea precedente, consoante se trate, respectivamente de lugares de director de serviços ou de chefe de divisão».
Acrescentava o seu art. 4.º, n.º 3, que, «por opção da entidade competente para o efeito, o recrutamento de funcionários que reunam os requisitos estabelecidos no n.º 1 poderá ser feito mediante concurso, que se processará nos termos do respectivo aviso de abertura».

2. Face ao exposto tínhamos, anteriormente, como ponto assente nesta matéria a nomeação por livre escolha como regra base a seguir no processo de recrutamento e selecção de pessoal para o desempenho de cargos dirigentes na função pública, observados que fossem, claro está, os requisitos legais para o seu provimento. O concurso era, aí, a excepção.

3. O estatuto do pessoal dirigente aprovado pelo Dec.-Lei n.º 323/89, de 26 de Setembro, foi aplicado à Região Autónoma dos Açores através do DLR n.º 1/90/A, de 15 de Janeiro. As adaptações mais relevantes (algumas delas passíveis de serem qualificadas como verdadeiras inovações extravasadoras da competência adaptativa legalmente reconhecida às Regiões Autónomas) introduzidas por este diploma regional consistiram:

1.º) Na enunciação dos cargos dirigentes existentes na Administração Regional (director regional, director de serviços e chefe de divisão, deixando-se assim de fora o cargo de subdirector-geral); (Vd. art. 2.º do DLR n.º 1/90/A)

2.º) Na alteração dos requisitos exigidos para o recrutamento dos dirigentes através desde logo do alargamento da sua área de recrutamento aos funcionários que possuam um «curso superior adequado» (e já não só a licenciatura);

3.º) Na redução do requisito da experiência profissional, enquanto requisito de recrutamento, para 4 e 2 anos, «consoante se trate, respectivamente, de lugares de director de serviço e de chefe de divisão, em cargos inseridos em carreiras do grupo de pessoal técnico superior e (acrescenta como elemento novo) do grupo de pessoal referido na alínea anterior";

4.º) Da extensão da área de recrutamento daqueles dirigentes «à carreira do grupo de pessoal técnico» (art. 3.º do DLR n.º 1/90/A);

5.º) Na correspondência de cargos e Jornal Oficial (art. 5.º do DLR n.º 1/90/A).

4. Quanto à Região Autónoma da Madeira, a adaptação do Dec.-Lei n.º 323/89, de 26 de Setembro, à sua Administração Regional, operou-se através do DLR n.º 8/91/M, de 18 de Março. Aqui, para além das questões de correspondência de cargos e da publicação no Jornal Oficial, vai-se ao ponto de inovar (aspecto que para nós, repita-se, se afigura como extravasador *a priori* da competência da Região da Madeira para proceder legalmente à adaptação prevista e admitida no art. 1.º, n.º 2 do Dec.-Lei n.º 323/89) nomeadamente, quando aí se admite a possibilidade de alargamento das áreas de recrutamento, embora a título excepcional, para os cargos de director regional, director de serviços e chefe de divisão a indivíduos não vinculados à função pública e/ou que sejam titulares apenas do grau de bacharelato ou equiparado, no caso de director regional, e a funcionários integrados em carreiras especiais de outros serviços ou organismos, ainda que não possuidores de curso superior, nos demais casos (arts. 3.º, n.ºˢ 1 e 5 do DLR n.º 8/91/M, de 18 de Março).

5. Com a publicação da Lei n.º 13/97, de 23 de Maio, que procedeu à revisão do estatuto de pessoal dirigente, o recrutamento para os cargos de director de serviços e chefe de divisão passou a ser feito, obrigatoria-

mente, por concurso, por um lado. Por outro lado, determinava-se que o recrutamento para os cargos de director-geral e subdirector-geral se continuasse a fazer «por escolha de entre dirigentes e assessores ou titulares de categorias equiparadas da Administração Pública, para cujo provimento seja exigível uma licenciatura, que possuam aptidão e experiência profissional adequada ao exercício das respectivas funções, ou de entre indivíduos licenciados não vinculados à Administração, quando a especialidade das funções ou das qualidades referidas para o seu desempenho o justifiquem» (arts. 3.° e 4.° do Dec.-Lei n.° 323/89, de 26 de Setembro, na nova redacção que lhe foi dada por este diploma).

O que nos interessa salientar, tendo em conta a natureza e o objecto deste trabalho, é que a Lei n.° 13/97, de 23 de Maio, introduziu o concurso como regra obrigatória no processo de recrutamento dos dirigentes da nossa Administração Pública, fixando-lhe aí, e no subsequente Dec.-Lei n.° 231/97, de 3 de Setembro, o regime jurídico a que se deve subsumir.

Actualmente, o estatuto do pessoal dirigente da Administração Pública portuguesa encontra-se previsto na Lei n.° 49/99, de 22 de Junho, diploma que acabou por revogar o Dec.-Lei n.° 323/89, de 26 de Fevereiro, a Lei n.° 13/97, de 23 de Maio e o Dec.-Lei n.° 231/97, de 3 de Setembro. É pois, agora, na Lei n.° 49/99, de 22 de Junho que encontramos o regime jurídico de base sobre o processo de recrutamento e selecção de pessoal para o exercício de cargos dirigentes na Administração Pública, Central, Regional e Local, prevendo-se no seu art. 1.°, n.° 2 que a sua aplicação imediata às Regiões «não prejudica a publicação de diploma legislativo regional que o adapte as especificidades orgânicas do pessoal dirigente da respectiva administração regional». O seu n.° 3 acrescenta mesmo que «a presente lei será aplicada à administração local mediante decreto-lei», que lhe introduzirá «as necessárias adaptações». Essa aplicação à administração local operou-se já através do Dec.-Lei n.° 514/99, de 24 de Novembro.

Tendo presente o disposto nos arts. 3.° e 4.° da Lei n.° 49/99 temos que fazer uma distinção entre:

1.° Recrutamento de directores-gerais e subdirectores-gerais – que se baseia numa mera escolha;

2.° Recrutamento de directores de serviço e chefes de divisão – que é feito por concurso de entre funcionários que reúnam *cumulativamente* os seguintes requisitos:

a) Licenciatura adequada;

b) Integração em carreira do grupo de pessoal técnico superior;

c) Possuam seis ou quatros anos de experiência profissional em cargos inseridos em carreiras do grupo de pessoal a que alude a alínea precedente, consoante se trate, respectivamente, de lugares de director de serviços ou chefe de divisão».

Acrescenta o n.º 2 do art. 4.º deste diploma que «o recrutamento para o cargo de director de serviços pode, ainda, ser feito por concurso de entre chefes de divisão».

Vejamos então em concreto quais as novidades do regime jurídico do concurso introduzidas pela Lei n.º 49/99, de 22 de Junho, para os cargos de director de serviços e de chefe de divisão da administração pública:

1.ª *Comissão de Observação e Acompanhamento dos Concursos para os Cargos Dirigentes* – *prevê-se a constituição desta comissão junto do membro do Governo responsável pela Administração Pública, presidida por um magistrado a indicar pelo Conselho Superior de Magistratura e integrada por quatro representantes da Administração Pública e mais quatro representantes das associações sindicais da função pública, cabendo-lhe observar e acompanhar os processos de concurso para dirigentes, superintender no sorteio dos membros do júri do concurso e elaborar um relatório anual sobre o processo de recrutamento e selecção de dirigentes, isto para além da competência para aprovar o respectivo regulamento interno* (art. 5.º da Lei n.º 49/99).

2.ª *Constituição e composição do júri do concurso* – o júri do concurso para os cargos dirigentes *é constituído por despacho do membro do governo em cuja dependência se encontra o serviço* em que se integra o cargo posto a concurso (art. 6.º, n.º 1, da Lei n.º 49/99).

3.ª *Composição do júri* – é composto por um presidente e por dois ou quatro vogais efectivos, *dos quais até metade podem ser escolhidos de entre pessoas não vinculadas à Administração Pública* (art. 6.º, n.º 2, da Lei n.º 49/99); *os membros do júri que possuam vínculo à Administração Pública não podem ter categoria inferior àquela para que é aberto concurso e são sorteados de entre pessoal dirigente,* preferencialmente e sempre que possível, do serviço ou departamento em que se insere o respectivo cargo (art. 6.º, n.º 3, da Lei n.º 49/99); o sorteio realiza-se perante o Presidente da Comissão de Observação e Acompanhamento dos Concursos ou seu representante (art. 7.º, n.º 6, da Lei n.º 49/99).

4.ª *Métodos de selecção* – neste concurso podem ser utilizados quaisquer dos *métodos de selecção previstos para as carreiras* *de regime geral, sem prejuízo do estabelecimento de critérios de apreciação específicos* (art. 8.º, n.º 2, da Lei n.º 49/99); *na realização da entrevista é obrigatória a participação de todo o júri* (art. 8.º, n.º 4, da Lei n.º 49/99).

5.ª *Competência para autorizar a abertura do concurso* – pertence ao membro do governo competente, sob proposta do dirigente máximo do serviço, que deve conter o cargo, área de actuação e métodos de selecção a utilizar (art. 8.º, n.º 1, da Lei n.º 49/99).

6.ª *Prazo de validade do concurso* – é fixado pela entidade que abre o concurso, de 6 meses a 1 ano, contado da data da publicação da lista da classificação final, sendo essa validade condicionada obviamente pelo preenchimento do cargo para o qual é aberto (art. 9.º da Lei n.º 49/99).

7.ª *Publicitação do concurso* – é feita através da publicação do respectivo aviso na 2.ª Série do Diário da República, devendo nele fazer-se menção expressa, entre outras coisas, «de que o critério de apreciação e ponderação da avaliação curricular e da entrevista profissional de selecção, bem como o sistema de classificação final, incluindo a respectiva fórmula classificativa, constam de acta das reuniões do júri do concurso, sendo a mesma facultada aos candidatos sempre que solicitada»; cópia deste aviso tem de ser remetida ao Presidente da Comissão de Observação e Acompanhamento dos Concursos (art. 10.º da Lei n.º 49/99).

8.ª *Candidaturas* – as candidaturas são formalizadas através da apresentação dos respectivos requerimentos de admissão, sendo os candidatos obrigados a declarar aí a sua situação concreta face aos requisitos legais de admissão, sob pena de exclusão; há lugar a audiência dos interessados na fase da elaboração da lista dos candidatos admitidos e excluídos, mas só no caso de existirem estes últimos (art. 11.º, da Lei n.º 49/99).

9.ª *Sistema de classificação* – a classificação final é expressa de 0 a 20 valores e vem definida no art. 13.º da Lei n.º 49/99, seguindo-se aqui de perto o disposto no diploma de recrutamento e selecção de pessoal para as carreiras de regime geral. A entrevista não pode, contudo, ter um índice de ponderação superior a qualquer um dos outros métodos de selecção aplicados.

10.ª *Audiência dos interessados* – vem prevista no art. 14.º da Lei n.º 49/99.

11.ª *Homologação da acta que contém a lista de classificação final* – a homologação da acta tem de ser feita pelo membro do Governo no prazo de 5 dias após a sua elaboração; após a homologação segue-se novo prazo de 5 dias para se proceder à publicitação da lista de classificação final, por afixação no respectivo serviço ou organismo, recorrendo-se ao ofício registado, no mesmo prazo, para os interessados externos ao serviço ou organismo; cópia dessa lista, deve ser enviada ao Presidente da Comissão de Observação e Acompanhamento dos Concursos naquele prazo de 5 dias após a homologação (art. 15.º da Lei n.º 49/99).

12.ª *Nomeação* – a nomeação deve ter lugar no prazo de 5 dias contados do termo do prazo para a interposição de recurso hierárquico ou, caso este tenha sido interposto, nos 5 dias posteriores à respectiva decisão (art. 16.º da Lei n.º 49/99).

A finalizar refira-se que, nos termos do disposto no art. 17.º da Lei n.º 49/99, de 22 de Junho, o regime geral de recrutamento e selecção de pessoal para os quadros da Administração Pública relativo ao concurso interno geral constitui direito subsidiário aplicável em tudo o que não esteja especialmente regulado naquela Lei n.º 49/99. Deve assim entender--se como direito subsidiário o regime jurídico do concurso interno geral constante do Dec.-Lei n.º 204/98, de 11 de Julho.

LEGISLAÇÃO BÁSICA DE APOIO

PRESIDÊNCIA DO CONSELHO DE MINISTROS

DECRETO-LEI N.º 204/98
de 11 de Julho

O regime geral de recrutamento e selecção de pessoal para a Administração Pública, embora com algumas alterações introduzidas pelo Dec.-Lei n.º 215/95, de 22 de Agosto, encontra-se regulado pelo Dec.-Lei n.º 498/88, de 30 de Dezembro, configurando um sistema que não se revela totalmente adequado à realidade actual da Administração Pública.

Torna-se necessário pôr à disposição dos dirigentes máximos dos serviços uma maior variedade de instrumentos de gestão de recursos humanos nesta área, bem como possibilitar a satisfação das expectativas profissionais dos funcionários e agentes que prestam serviço na Administração Pública.

Salienta-se neste âmbito a liberalização do recurso ao concurso de acesso circunscrito ao pessoal que já desempenha funções no serviço, quando aquele é suficiente para a prossecução das atribuições que a este são cometidas, criando-se ainda um novo tipo de concurso que visa possibilitar em simultâneo o recrutamento interno e exterior ao organismo, sem comprometer as perspectivas de dinamização da carreira. Mantém-se, todavia, a realização de concursos abertos a toda a Administração Pública, a fim de fomentar a necessária mobilidade interdepartamental.

No âmbito dos métodos de selecção, refere-se a relevância atribuída às provas de conhecimentos, nomeadamente no que respeita aos temas dos direitos e deveres da função pública e deontologia profissional. Foi ainda clarificado o carácter complementar da entrevista e do exame psicológico de selecção.

No que respeita ao júri deve mencionar-se a prevalência das respectivas tarefas, salvo situações de urgência, e a responsabilização pela condução do procedimento com a celeridade adequada, bem como uma mais clara definição das circunstâncias que permitem a alteração da respectiva composição, devendo a escolha dos seus membros respeitar, na medida do possível, a área funcional para que o concurso é aberto.

Por outro lado, e na perspectiva da desburocratização e da celeridade do concurso, procurou-se a simplificação de procedimentos, suprimindo, sempre que possível. as formalidades dispensáveis, designadamente publicações no *Diário da República,* adequando os avisos de abertura aos respectivos destinatários e flexibilizando os prazos de entrega de candidaturas.

Adoptou-se ainda o princípio da confiança, nomeadamente no que respeita à entrega de documentos, sem comprometer a segurança e a utilidade das operações do concurso.

Finalmente, foi acautelado o cumprimento dos princípios e institutos previstos no Código do Procedimento Administrativo, ora por aplicação directa, ora adaptando-o, salientando-se a audição dos interessados e o carácter de decisão final no procedimento do indeferimento tácito.

Foram ouvidas as organizações sindicais e os órgãos de governo próprio das Regiões Autónomas.

Assim:

No uso da autorização legislativa concedida pela Lei n.º 10/98, de 18 de Fevereiro, nos termos da alínea *b)* do n.º 1' do artigo 198.º e do n.º 5 do artigo 112.º da Constituição, o Governo decreta o seguinte:

CAPÍTULO I
Objecto, âmbito, princípios e classificações

ARTIGO 1.º
Objecto

O presente decreto-lei regula o concurso como forma de recrutamento e selecção de pessoal para os quadros da Administração Pública, bem como os princípios e garantias gerais a que o mesmo deve obedecer.

ARTIGO 2.º
Âmbito

1 — O regime estabelecido neste diploma aplica-se aos serviços e organismos da administração central, bem como aos institutos públicos nas modalidades de serviços personalizados do Estado e de fundos públicos.

2 — O mesmo regime aplica-se, com as necessárias adaptações, à administração local e à administração regional, sem prejuízo da competência dos órgãos de governo próprio das Regiões Autónomas.

3 — O disposto no número anterior não pode ter como efeito o afastamento dos princípios e garantias consagrados no artigo 5.º.

ARTIGO 3.º
Excepções

1 — O recrutamento e selecção dos directores de serviços e chefes de divisão consta de diploma próprio.

2 — Os regimes de recrutamento e selecção de pessoal dos corpos especiais e das carreiras de regime especial podem obedecer a processo de concurso próprio com respeito pelos princípios e garantias consagrados no art. 5.º.

3 — Mantêm-se os regimes de recrutamento e selecção de pessoal aplicáveis aos corpos especiais e às carreiras de regime especial que dele disponham.

ARTIGO 4.º
Definições

1 — O recrutamento consiste no conjunto de operações tendentes à satisfação das necessidades de pessoal dos serviços e organismos da Administração Pública, bem como à satisfação das expectativas profissionais dos seus funcionários e agentes, criando condições para o acesso no próprio serviço ou organismo ou em serviço ou organismo diferente.

2 — A selecção de pessoal consiste no conjunto de operações que, enquadradas no processo de recrutamento e mediante a utilização de métodos e técnicas adequadas, permitem avaliar e classificar os candidatos segundo as aptidões e capacidades indispensáveis para exercício das tarefas e responsabilidades de determinada função.

ARTIGO 5.º
Princípios e garantias

1 — O concurso obedece aos princípios de liberdade de candidatura, de igualdade de condições e de igualdade de oportunidades para todos os candidatos.

2 — Para respeito dos princípios referidos no número anterior, são garantidos:

a) A neutralidade da composição do júri;
b) A divulgação atempada dos métodos de selecção a utilizar, do programa das provas de conhecimentos e do sistema de classificação final;
c) A aplicação de métodos e critérios objectivos de avaliação;
d) O direito de recurso.

ARTIGO 6.º
Classificações

1 — O concurso pode classificar-se, quanto à origem dos candidatos, em concurso externo ou interno, consoante seja aberto a todos os indivíduos ou apenas aberto a funcionários ou agentes que, a qualquer título, exerçam funções correspondentes a necessidades permanentes há mais de um ano nos serviços e organismos referidos no n.º 1 do artigo 2.º.

2 — O concurso pode ainda classificar-se, quanto à natureza das vagas, em concurso de ingresso ou de acesso, consoante vise o preenchimento de lugares das categorias de base ou o preenchimento das categorias intermédias e. de topo das respectivas carreiras.

3 — Considera-se incluído no âmbito subjectivo dos concursos internos de ingresso o pessoal vinculado por contrato administrativo de provimento.

4 — O concurso interno de acesso pode revestir as seguintes modalidades:

a) Concurso interno de acesso geral — quando aberto a todos os funcionários, independentemente do serviço ou organismo a que pertençam;

b) Concurso interno de acesso limitado — quando se destine apenas a funcionários pertencentes ao serviço ou quadro único para o qual é aberto o concurso;

c) Concurso interno de acesso misto — quando se prevejam duas quotas destinadas, respectivamente, a funcionários pertencentes ao serviço ou quadro único para o qual o concurso é aberto e a funcionários que a ele não pertençam.

CAPITULO II
Condições gerais, júri e métodos de selecção

SECÇÃO I
Condições gerais

ARTIGO 7.º
Lugares a preencher

O concurso destina-se:

a) Ao preenchimento de todos ou alguns dos lugares vagos existentes à data da sua abertura;

b) Ao preenchimento dos lugares vagos existentes e dos que vierem a vagar até ao termo do prazo de validade;

c) Ao preenchimento dos lugares vagos existentes e dos que vierem a vagar até um número limite previamente fixado no aviso de abertura, desde que este número se verifique até ao termo do prazo de validade;

d) A constituição de reservas de recrutamento, com vista a satisfação de necessidades previsionais de pessoal, no caso de não existirem vagas à data da sua abertura, mas no pressuposto de que estas ocorrerão até ao termo do prazo de validade.

ARTIGO 8.º
Condições de abertura de concursos de acesso

1 — Quando o número de lugares vagos existentes no quadro de pessoal seja igual ou inferior ao número de funcionários do serviço ou quadro único em condições de se candidatarem, a entidade competente para autorizar a abertura do concurso de acesso pode optar entre o concurso interno geral e o limitado.

2 — Quando o número de lugares vagos existentes no quadro de pessoal seja superior ao número de funcionários do serviço ou quadro único em condições de se candidatarem a entidade competente para autorizar a abertura do concurso de acesso pode optar entre o concurso interno geral e o misto.

3 — No caso de a entidade competente optar pela realização do concurso misto, deve, no despacho que autoriza a abertura do concurso, fixar as quotas a que se refere a alínea c) do n.º 4 do artigo 6.º.

4 — O número de lugares vagos mencionados nos números anteriores releva apenas para a determinação da modalidade de concurso a utilizar, independentemente do número de lugares que seja posto a concurso.

5 — Os concursos de acesso para lugares de carreiras verticais com dotação global são circunscritos aos funcionários do respectivo serviço, sempre que se verifique que a totalidade dos lugares do correspondente quadro se encontra preenchida.

6 — Os concursos abertos nos termos do número anterior obedecem ao procedimento do concurso limitado.

ARTIGO 9.º
Competência

É competente para autorizar a abertura do concurso:

a) O dirigente máximo do serviço competente para a sua realização;

b) O director-geral ou equiparado que tem a seu cargo o recrutamento e gestão do pessoal do respectivo ministério;

c) O director-geral da Administração Pública, no caso de centralização de recrutamento nos termos do artigo 11.º.

ARTIGO 10.º
Prazo

1 — O prazo de validade do concurso é fixado pela entidade competente para autorizar a sua abertura entre um mínimo de três meses e um máximo de um ano, sem prejuízo do disposto no n.º 4.

2 — Até ao decurso do prazo, os lugares postos a concurso ficam cativos, independentemente da data do respectivo provimento.

3 — O prazo de validade é contado da data de publicação da lista de classificação final.

4 — O concurso aberto apenas para preenchimento das vagas existentes caduca com o respectivo preenchimento.

ARTIGO 11.º
Recrutamento centralizado

1 — Por resolução do Conselho de Ministros, pode ser centralizado na Direcção-Geral da Administração Pública o recrutamento para categorias de ingresso.

2 — As categorias a abranger e o regime a que deve obedecer o recrutamento centralizado constam de diploma próprio.

SECÇÃO II
Júri

ARTIGO 12.º
Composição

1 — O júri do concurso é composto por um presidente e dois ou quatro vogais efectivos.

2 — Os vogais não podem ter categoria inferior à categoria para que é aberto o concurso, excepto no caso de exercerem cargos dirigentes.

3 — O presidente do júri não pode ter categoria inferior à categoria para que é aberto o concurso, excepto no caso de exercer cargo dirigente.

4 — Os membros do júri devem estar integrados na área ou áreas funcionais para as quais é aberto o concurso, em maior número possível.

5 — Nos casos em que o director-geral, o subdirector-geral ou o titular de cargo equiparado seja opositor ao concurso, o júri é obrigatoriamente estranho ao serviço para o qual o concurso é aberto.

6 — A composição do júri pode ser alterada por motivos ponderosos e devidamente fundamentados, nomeadamente em caso de falta de quórum.

7 — No caso previsto no número anterior, o novo júri dá continuidade às operações do concurso, assume integralmente os critérios definidos e aprova o processado.

ARTIGO 13.º
Designação

1 — Os membros do júri são designados pela entidade com competência para autorizar o concurso

2 — No mesmo acto é designado o vogal que substitui o presidente nas suas faltas e impedimentos, bem como os vogais suplentes em número igual ao dos vogais efectivos.

ARTIGO 14.º
Competência

1 — Compete ao júri a realização de todas as operações do concurso.

2 — O disposto no número anterior não prejudica a faculdade de os serviços, sob proposto do júri, solicitarem à Direcção-Geral da Administração Pública ou a outras entidades públicas ou privadas especializadas na matéria, ou detentoras de conhecimentos técnicos específicos exigíveis para o exercício das funções para que é aberto o concurso, a realização de todas ou parte das operações do concurso.

3 — O júri pode solicitar aos serviços a que pertencem os candidatos os elementos considerados necessários, designadamente os seus processos individuais.

4 — O júri pode ainda exigir dos candidatos a apresentação de documentos comprovativos de factos por eles referidos que possam relevar para a apreciação do seu mérito.

ARTIGO 15.º
Funcionamento

1 — O júri só pode funcionar quando estiverem presentes todos os seus membros, devendo as respectivas deliberações ser tomadas por maioria e sempre por votação nominal.

2 — Das reuniões do júri são lavradas actas contendo os fundamentos das decisões tomadas.

3 — As actas devem ser presentes, em caso de recurso à entidade que sobre ele tenha que decidir.

4 — O júri é secretariado por um vogal por ele escolhido ou por funcionário a designar para o efeito.

ARTIGO 16.º
Acesso a actas e documentos

1 — Os interessados têm acesso, nos termos da lei, às actas e aos documentos em que assentam as deliberações do júri.

2 — As certidões ou reproduções autenticadas das actas e dos documentos a que alude o número anterior devem ser passadas no prazo de três dias úteis, contado da data da entrada do requerimento.

ARTIGO 17.º
Prevalência das funções de júri

Ressalvadas as situações de urgência, o exercício de tarefas próprias do júri prevalece sobre todas as outras tarefas, incorrendo os seus membros em responsabilidade disciplinar quando não cumpram, injustificadamente, os prazos previstos no presente diploma ou não procedam com a celeridade adequada à natureza do procedimento de recrutamento e selecção.

SECÇÃO III
Métodos de selecção

ARTIGO 18.º
Princípio geral

A definição dos métodos de selecção e respectivo conteúdo e, bem assim, quando for caso disso, dos programas das provas de conhecimentos aplicáveis a cada categoria é feita em função do complexo de tarefas e responsabilidades inerentes ao respectivo conteúdo funcional e ao conjunto de requisitos de natureza física, psicológica, habilitacional ou profissional exigível par o seu exercício.

ARTIGO 19.º
Métodos

1 — Nos concursos podem ser utilizados, isolada ou conjuntamente, e com carácter eliminatório, os seguintes métodos:

a) Provas de conhecimentos;
b) Avaliação curricular.

2 — Podem ainda ser utilizados, com carácter complementar, os seguintes métodos:
a) Entrevista profissional de selecção;
b) Exame psicológico de selecção;
c) Exame médico de selecção.

ARTIGO 20.°
Provas de conhecimentos

1 — As provas de conhecimentos visam avaliar os níveis de conhecimentos académicos e profissionais dos candidatos exigíveis e adequados ao exercício de determinada função.

2 — As provas obedecem ao programa aprovado, podendo avaliar conhecimentos gerais ou específicos, assumir a forma escrita ou oral, e revestir natureza teórica ou prática.

3 — As provas de conhecimentos podem comportar mais de uma fase, podendo qualquer delas ter carácter eliminatório.

4 — A natureza, forma e duração das provas constam do aviso de abertura do concurso, sendo ainda obrigatória a indicação da bibliografia ou legislação necessária à sua realização quando se trate de matérias não previstas no currículo escolar correspondente às habilitações literárias ou profissionais exigidas.

5 — É obrigatório o recurso a provas de conhecimentos nos concursos de ingresso, sem prejuízo da utilização de outros métodos de selecção.

ARTIGO 21.°
Programa

1 — O programa das provas de conhecimentos gerais é aprovado pelo membro do Governo que tem a seu cargo a Administração Pública.

2 — Do programa das provas de conhecimentos gerais constam, obrigatoriamente, os temas relativos aos direitos e deveres da função pública e à deontologia profissional.

3 — O programa das provas de conhecimentos específicos é aprovado por despacho conjunto do membro do Governo que tem a seu cargo a Administração Pública e do membro do Governo com tutela sobre o órgão ou serviço em causa.

4 — Considera-se delegada no director-geral da Administração Pública a competência atribuída nos números anteriores ao membro do Governo que tem a seu cargo a Administração Pública.

ARTIGO 22.º
Avaliação curricular

1 — A avaliação curricular visa avaliar as aptidões profissionais do candidato na área para que o concurso é aberto, com base na análise do respectivo currículo.

2 — Na avaliação curricular são obrigatoriamente considerados e ponderados, de acordo com as exigências da função:

a) A habilitação académica de base, onde se pondera a titularidade de grau académico ou a sua equiparação legalmente reconhecida;

b) A formação profissional, em que se ponderam as acções de formação e aperfeiçoamento profissional, em especial as relacionadas com as áreas funcionais dos lugares postos a concurso;

c) A experiência profissional, em que se pondera o desempenho efectivo de funções na área de actividade para a qual o concurso é aberto, bem como outras capacitações adequadas, com avaliação da sua natureza e duração.

3 — O júri pode, se assim o entender, considerar a classificação de serviço como factor de apreciação na avaliação curricular referente a concursos de acesso.

4 — Nos concursos limitados é obrigatório considerar a classificação de serviço como factor de apreciação.

ARTIGO 23.º
Entrevista profissional de selecção

1 — A entrevista profissional de selecção visa avaliar, numa relação interpessoal e de forma objectiva e sistemática, as aptidões profissionais e pessoais dos candidatos.

2 — Por cada entrevista profissional de selecção é elaborada uma ficha individual, contendo o resumo dos assuntos abordados, os parâmetros relevantes e a classificação obtida em cada um deles, devidamente, fundamentada.

3 — A entrevista profissional de selecção é utilizada em concursos externos e internos de ingresso, desde que, neste caso, o conteúdo funcional e as especificidades da categoria o justifiquem, sem carácter eliminatório.

ARTIGO 24.º
Exame psicológico de selecção

1 — O exame psicológico de selecção visa avaliar as capacidades e as características de personalidade dos candidatos através da utilização de técnicas psicológicas, visando determinar a sua adequação à função.

2 — O exame psicológico de selecção só pode ser utilizado em concursos de ingresso, podendo assumir carácter eliminatório.

3 — O exame psicológico pode comportar mais de uma fase, podendo qualquer delas ter carácter eliminatório, desde que o respectivo método o seja.

4 — É garantida a privacidade do exame psicológico de selecção, sendo o resultado transmitido ao júri do concurso sob a forma de apreciação global referente à aptidão do candidato relativamente às funções a exercer.

5 — A revelação ou transmissão do resultado do exame psicológico a outra pessoa que não o próprio candidato ou o júri do concurso constitui quebra do dever de sigilo e responsabiliza disciplinarmente o funcionário ou agente pela infracção.

ARTIGO 25.º
Exame médico de selecção

1 — O exame médico de selecção visa avaliar as condições físicas e psíquicas dos candidatos, tendo em vista determinar a sua aptidão para o exercício da função.

2 — O exame médico de selecção só pode ser utilizado em concurso de ingresso, tendo sempre carácter eliminatório.

3 — É garantida a privacidade do exame médico de selecção, sendo o resultado transmitido ao júri do concurso sob a forma de apreciação global referente à aptidão do candidato relativamente às funções a exercer.

4 — A revelação ou transmissão do resultado do exame médico a outra pessoa que não o próprio candidato ou o júri do concurso constitui quebra do dever de sigilo e responsabiliza disciplinarmente o funcionário ou agente pela infracção.

ARTIGO 26.º
Classificações

1 — Os resultados obtidos na aplicação dos métodos de selecção são classificados na escala de 0 a 20 valores, sem prejuízo do disposto no número seguinte.

2 — No exame psicológico e no exame médico de selecção são atribuídas as seguintes menções qualitativas:

a) Exame psicológico – *Favorável Preferencialmente, Bastante Favorável, Favorável, Com reservas* e *Não favorável,* correspondendo-lhes as classificações de 20, 16, 12, 8 e 4 valores, respectivamente;

b) Exame médico – *Apto* ou *Não apto.*

CAPÍTULO III
Procedimento

SECÇAO I
Abertura do concurso

ARTIGO 27.º
Aviso de abertura

1 — O concurso é aberto por aviso publicado nos termos do artigo seguinte, contendo os seguintes elementos:

  a) Requisitos gerais e especiais de admissão ao concurso;
  b) Remuneração e condições de trabalho;
  c) Descrição breve do conteúdo funcional do lugar a prover;
  d) Categoria, carreira, área funcional e serviço para que é aberto o concurso, local de prestação de trabalho, tipo de concurso, número de lugares a preencher e prazo de validade;
  e) Composição do júri;
  f) Métodos de selecção, seu carácter eliminatório, existência de várias fases, se for o caso, referência à publicação do programa de provas, se for caso disso, e ainda sistema de classificacão final a utilizar;
  g) Indicação de que os critérios de apreciação e ponderação da avaliação curricular e da entrevista profissional de selecção, bem como o sistema de classificação final, incluindo a respectiva fórmula classificativa, constam de actas de reuniões do júri do concurso, sendo a mesma facultada aos candidatos sempre que solicitada;
  h) Entidade a quem apresentar o requerimento, com o respectivo endereço, prazo de entrega, forma de apresentação, documentos a juntar e demais indicações necessárias à formalização da candidatura;
  i) Local de afixação da relação de candidatos e lista de classificação final.

2 — Nos avisos de abertura de concursos internos de acesso é dispensada a referência aos elementos previstos nas alíneas a) a c).

ARTIGO 28.º
Publicidade

1 — Salvo o disposto no número seguinte, o aviso de abertura é publicado no D*iário da República*, 2.ª.série, sendo ainda publicado em órgão de imprensa de expansão nacional um anúncio contendo apenas a referência ao serviço e ao Diário da República em que o aviso se encontra publicado.

2 — No concurso limitado o aviso de abertura é apenas afixado nos locais a que tenham acesso os funcionários que reunam as condições de admissão e, na mesma data, notificado por ofício registado ou outro meio adequado aos funcionários que, por motivos fundamentados, estejam ausentes das instalações do serviço.

3 — Nos concursos mistos há lugar a ambas as publicações previstas nos números anteriores.

SECÇÃO II
Candidaturas e admissão

ARTIGO 29.º
Requisitos de admissão

1 — Só podem ser admitidos a concurso os candidatos que satisfaçam os requisitos gerais de admissão a concurso e provimento em funções públicas, bem como os requisitos especiais legalmente exigidos para o provimento dos lugares a preencher.

2 — São requisitos gerais de admissão a concurso e provimento em funções públicas:

a) Ter nacionalidade portuguesa, salvo nos casos exceptuados por lei especial ou convenção internacional;

b) Ter 18 anos completos;

c) Possuir as habilitações literárias ou profissionais legalmente exigidas para o desempenho do cargo;

d) Ter cumprido os deveres militares ou de serviço cívico, quando obrigatório;

e) Não estar inibido do exercício de funções públicas ou interdito para o exercício das funções a que se candidata;

f) Possuir a robustez física e o perfil psíquico indispensáveis ao exercício da função e ter cumprido as leis de vacinação obrigatória.

3 — Os candidatos devem reunir os requisitos referidos nos números anteriores até ao termo do prazo fixado para apresentação das candidaturas.

ARTIGO 30.º
Requerimento de admissão

1 — A apresentação a concurso é efectuada por requerimento acompanhado dos demais documentos exigidos no aviso.

2 — O requerimento e os documentos referidos no número anterior são apresentados até ao termo do prazo fixado para apresentação das candidaturas, sendo entregues pessoalmente ou pelo correio, com aviso de recepção, atendendo-se, neste último caso, à data do registo

3 — Os serviços e organismos podem optar pela utilização de requerimento modelo tipo, a utilizar obrigatoriamente pelos candidatos, quando o número elevado de candidaturas previsto o justifique, devendo esta opção ser expressamente mencionada no aviso de abertura.

4 — No caso previsto no número anterior, o requerimento é posto à disposição dos interessados pelos serviços para o qual é aberto o concurso.

5 — Na entrega pessoal do requerimento de admissão é obrigatória a passagem de recibo.

ARTIGO 31.º
Documentos

1 — Os candidatos devem apresentar os documentos comprovativos da titularidade dos requisitos especiais legalmente exigidos para o provimento dos lugares a preencher.

2 — Sem prejuízo do disposto no número seguinte, não é exigida a apresentação de documentos comprovativos dos requisitos gerais de provimento em funções públicas, bastando a declaração dos candidatos sob compromisso de honra no próprio requerimento.

3 — Nos concursos externos as habilitações literárias ou profissionais são comprovadas pelo respectivo certificado ou outro documento idóneo.

4 — Os serviços e organismos públicos deverão emitir a documentação exigível para admissão a concurso dentro do prazo estabelecido para apresentação das candidaturas, desde que requerida com uma antecedência mínima de três dias úteis.

5 — Quando se trate de concurso limitado, as declarações comprovativas da titularidade dos requisitos mencionados no n.º 1 são oficiosamente entregues ao júri pelo respectivo serviço de pessoal, sendo dispensada a entrega de documentos comprovativos que se encontrem arquivados no processo individual.

6 — O disposto no número anterior é aplicável aos concursos mistos, no que se refere aos funcionários do próprio serviço ou organismo.

7 — A não apresentação dos documentos comprovativos dos requisitos de admissão exigíveis nos termos do presente diploma e constantes do aviso de abertura determina a exclusão do concurso.

ARTIGO 32.º
Prazo

1 — A entidade competente para autorizar a abertura de concurso fixa em cada caso, no aviso de abertura, o prazo para apresentação de candidaturas, dentro dos seguintes limites:
 a) Entre 10 e 20 dias úteis, para os concursos externos;
 b) Entre 10 e 15 dias úteis, para os concursos internos gerais e mistos;
 c) Entre 5 e 7 dias úteis, para os concursos limitados.

2 — O prazo é contado da data da publicacão do aviso de abertura no *Diário da República,* ou da respectiva afixação, quando se trata de concurso limitado.

3 — Sem prejuízo do disposto no artigo 73.º do Código do Procedimento Administrativo, o prazo a que se refere o n.º 1, relativamente ao pessoal que se encontre ausente das instalações do serviço por motivos fundamentados, conta-se da data do registo do ofício, respeitada a dilação de três dias do correio.

ARTIGO 33.º
Verificação dos requisitos de admissão

1 — Terminado o prazo para apresentação de candidaturas, o júri procede à verificação dos requisitos de admissão no prazo máximo de 15 dias úteis.

2 — Após a conclusão do procedimento previsto no artigo seguinte, ou, não havendo candidatos excluídos, no termo do prazo previsto no n.º 1, é afixada no serviço uma relação dos candidatos admitidos.

ARTIGO 34.º
Exclusão de candidatos

1 — Os candidatos que devam ser excluídos são notificados, no âmbito do exercício do direito de participação dos interessados, para, no prazo de 10 dias úteis, dizerem por escrito o que se lhes oferecer.

2 — A notificação contém o enunciado sucinto dos fundamentos da intenção de exclusão, sendo efectuada:
 a) Por ofício registado, quando o número de candidatos a excluir seja inferior a 100;
 b) Através de publicação de aviso no *Diário do República, 2.ª* série, quando o número de candidatos a excluir for igual ou superior a 100;
 c) Pessoalmente, quando todos os candidatos a excluir se encontrem no serviço.

3 — O prazo para o exercício do direito de participação dos interessados conta-se nos termos do artigo 44.º

4 — Não é admitida a junção de documentos que pudessem ter sido apresentados dentro do prazo previsto para entrega de candidaturas.

5 — Terminado o prazo para o exercício do direito de participação dos interessados, o júri aprecia as alegações oferecidas e, caso mantenha a decisão de exclusão, notifica todos os candidatos excluídos, de acordo com o estabelecido no n.º 2, indicando nessa notificação o prazo de interposição de recurso hierárquico e o órgão competente para apreciar a impugnação do acto, como previsto no n.º 1 do artigo 43.º

ARTIGO 35.º
Convocação dos candidatos admitidos

1 — Os candidatos admitidos são convocados para realização dos métodos de selecção através das formas de notificação previstas no Código do Procedimento Administrativo que se revelem mais adequadas.

2 — O disposto no número anterior não se aplica quando haja lugar a provas de conhecimentos, caso em que os candidatos são notificados para prestação das mesmas, nos termos do n.º 2 do artigo anterior.

3 — A aplicação dos métodos de selecção tem início no prazo máximo de 20 dias úteis contado da data da afixação da relação de candidatos admitidos ou da notificação de exclusão a que se refere o n.º 5 do artigo anterior.

SECÇÃO III
Classificação e provimento

ARTIGO 36.º
Classificação final

1 — Na classificação final é adoptada a escala de 0 a 20 valores, considerando-se não aprovados os candidatos que, nas fases ou métodos de selecção eliminatórios ou na classificação final, obtenham classificação inferior a 9,5 valores e, bem assim, os que sejam considerados não aptos no exame médico de selecção.

2 — A classificação final resulta da média aritmética simples ou ponderada das classificações obtidas em todos os métodos de selecção.

3 — Os métodos de selecção complementares referidos nas alíneas a) e b) do n.º 2 do artigo 19.º não podem isoladamente ter ponderação superior à fixada para a prova de conhecimentos ou de avaliação curricular.

ARTIGO 37.º
Critérios de preferência

1 — Em caso de igualdade de classificação em concursos internos preferem, sucessivamente:
 a) O candidato mais antigo na categoria, na carreira e na função pública;
 b) O candidato do serviço ou do organismo interessado;
 c) O candidato que desempenhe funções ou resida fora do município em que se situa o serviço para que é aberto o concurso, desde que neste município ou em município limítrofe desempenhe funções o funcionário ou agente seu cônjuge ou com quem viva em condições análogas às dos cônjuges.

2 — Nos concursos externos, em caso de igualdade de classificação, prefere o candidato que reúna as condições da alínea c) do número anterior.

3 — Compete ao júri o estabelecimento de outros critérios de preferência, sempre que subsistir igualdade após a aplicação dos critérios referidos nos números anteriores.

ARTIGO 38.º
Decisão final e participação dos interessados

1 — Terminada a aplicação dos métodos de selecção, o júri elabora, no prazo máximo de 10 dias úteis, a decisão relativa à classificação final e ordenação dos candidatos e procede à respectiva audição no âmbito do exercício do direito de participação dos interessados, notificando-os para, no prazo de 10 dias úteis, contados nos termos do artigo 44.º, dizerem, por escrito, o que se lhes oferecer.

2 — A notificação contém a indicação do local e horário de consulta do processo.

3 — Quando o número de candidatos seja inferior a 100, a notificação é efectuada por ofício registado, sendo enviada a acta do júri que define os critérios de classificação, a sua aplicação ao interessado e o projecto de lista de classificação final.

4 — Quando o número de candidatos seja igual ou superior a 100, a notificação é efectuada através de publicação de aviso no Diário da República, 2.ª série, informando os interessados da afixação no serviço da lista de classificação final e da acta que define os respectivos critérios.

5 — Tratando-se de concurso limitado, observa-se o disposto no número anterior, com excepção da publicação no *Diário da República,* sendo ainda enviado ofício aos funcionários que, por motivos fundamentados, estejam ausentes das instalações do serviço.

6 — No concurso misto aplica-se o disposto nas alíneas anteriores, de acordo com o número e a origem dos candidatos.

7 — Terminado o prazo para o exercício do direito de participação dos interessados, o júri aprecia as alegações oferecidas e procede à classificação final e ordenação dos candidatos.

ARTIGO 39.º
Homologação

1 — A acta que contém a lista de classificação final, acompanhada das restantes actas, é submetida a homologação do dirigente máximo, ou do membro do Governo competente, quando aquele for membro do júri, no prazo de cinco dias úteis.

2 — No concurso misto são elaboradas duas listas de classificação final, correspondentes às quotas a que se refere a alínea c) do n.º 4 do artigo 6.º.

3 — Homologada a acta a que se refere o n.º 1, a lista ou listas de classificação final são notificadas aos candidatos, nos termos do disposto no artigo seguinte.

ARTIGO 40.º
Publicidade

1 — A lista de classificação final é notificada aos candidatos através de:
a) Envio de ofício registado, com cópia da lista, quando o número de candidatos admitidos for inferior a 100;
b) Publicação de aviso no *Diário da República,* 2.ª série, informando os interessados da afixação da lista no serviço, quando o número de candidatos admitidos for igual ou superior a 100;
c) Afixação da lista no serviço.

2 — A lista de classificação final contém a graduação dos candidatos e, em anotação sucinta, os motivos de não aprovação, se for caso disso, bem como, quando caiba recurso hierárquico, a indicação do prazo de interposição do mesmo e o órgão competente para a sua apreciação.

3 — No concurso limitado observa-se apenas o disposto na alínea c) do n.º 1, enviando-se ainda cópia da lista aos candidatos que, por motivos fundamentados, estejam ausentes das instalações do serviço.

4 — No concurso misto aplica-se o disposto nos n.ºs 1 e 3 de acordo com o número e a origem dos candidatos.

5 — Quando todos os candidatos se encontrem no serviço, pode ser feita notificação pessoal.

ARTIGO 41.º
Provimento

1 — Os candidatos aprovados são nomeados segundo a ordenação das respectivas listas de classificação final.

2 — Não podem ser efectuadas quaisquer nomeações antes de decorrido o prazo de interposição do recurso hierárquico da homologação da lista de classificação final ou, sendo interposto, da sua decisão expressa ou tácita.

3 — Os candidatos são notificados por ofício registado para, no prazo máximo de 10 dias úteis, procederem à entrega dos documentos necessários para o provimento que não tenham sido exigidos na admissão a concurso.

4 — O prazo estabelecido no número anterior pode ser prorrogado até 15 dias úteis, em casos excepcionais, quando a falta de apresentação de documentos dentro do prazo inicial não seja imputável ao interessado.

5 — A documentação pode ser enviada, por correio registado, até ao último dia do prazo, relevando neste caso a data do registo.

ARTIGO 42.º
Redução da lista

São retirados da lista de classificação final os candidatos aprovados que:

a) Recusem ser providos no lugar a que têm direito de acordo com a sua ordenação;

b) Não compareçam para posse ou aceitação no prazo legal, por motivos que lhes sejam imputáveis;

c) Apresentem documentos inadequados à prova das condições necessárias para o provimento ou não façam a sua apresentação no prazo fixado;

d) Apresentem documento falso.

CAPÍTULO IV
Garantias

ARTIGO 43.º
Recurso hierárquico

1 — Da exclusão do concurso cabe recurso hierárquico, a interpor no prazo de oito dias úteis para o dirigente máximo ou, se este for membro do júri, para o membro do Governo competente.

2 — Da homologação da lista de classificação final feita pelo dirigente máximo do serviço cabe recurso hierárquico com efeito suspensivo, a interpor no prazo de 10 dias úteis para o membro do Governo competente.

3 — No procedimento de concurso não há lugar a reclamação.

ARTIGO 44.º
Contagem do prazo

O prazo de interposição do recurso conta-se, consoante o caso:

a) Da data do registo do ofício contendo os fundamentos da exclusão ou cópia da lista de classificação final, respeitada a dilação de três dias do correio;

b) Da publicação do aviso no *Diário da República* contendo os fundamentos da exclusão ou a publicitação da lista de classificação final nos termos da alínea b) do n.º 1 do artigo 40.º;

c) Da data de afixação da lista de classificação final no serviço;

d) Da data da notificação pessoal.

ARTIGO 45.º
Efeitos do recurso da exclusão do concurso

O recurso da exclusão do concurso não suspende as respectivas operações, salvo quando haja lugar à aplicação de métodos de selecção que requeiram a presença simultânea de todos os candidatos.

ARTIGO 46.º
Prazo de decisão

O prazo de decisão do recurso é, em todos os casos, de 15 dias úteis contado da data da remessa do processo pelo órgão recorrido ao órgão competente para dele conhecer, considerando-se o mesmo tacitamente indeferido, com cessação do efeito suspensivo, quando não seja proferida decisão naquele prazo.

CAPÍTULO V
Disposições finais e transitórias

ARTIGO 47.º
Falsidade de documentos

Para além dos efeitos de exclusão ou de não provimento, a apresentação ou entrega de documento falso implica a participação à entidade competente para procedimento disciplinar e penal, conforme os casos.

ARTIGO 48.°
Participação dos interessados

Em tudo o que não se encontrar especialmente previsto no presente diploma relativamente ao exercício do direito de participação dos interessados é aplicável o disposto nos artigos 100.° a 105.° do Código do Procedimento Administrativo.

ARTIGO 49.°
Quadros e carreiras em extinção

1 — A abertura de concursos para lugares em extinção só pode fazer-se para categorias de acesso.

2 — Consideram-se lugares em extinção os integrados em carreiras a extinguir, à medida que vagarem, da base para o topo e os integrados em quadros paralelos ou de supranumerários.

3 — Só poderão candidatar-se a concurso para os lugares a que se refere o n.° 1 os funcionários providos no quadro ou carreira em extinção, aplicando-se o procedimento do concurso limitado.

ARTIGO 50.°
Restituição e destruição de documentos

1 — É destruída a documentação apresentada pelos candidatos se a sua restituição não for solicitada no prazo máximo de um ano após o termo do prazo de validade do respectivo concurso.

2 — A documentação apresentada pelos candidatos respeitante a concursos que tenham sido objecto de recurso contencioso só poderá ser destruída ou restituída após a execução da sentença.

ARTIGO 51.°
Execução de sentença

Para reconstituição da situação actual hipotética decorrente da procedência de recurso contencioso de anulação, o recorrente que adquira o direito ao provimento poderá sempre exigi-lo, ainda que como supranumerário, em lugar a extinguir quando vagar.

ARTIGO 52.º
Revogação

São revogados os Decretos-Leis n.ºˢ 498/88, de 30 de Dezembro e 215/95 de 22 de Agosto.

ARTIGO 53.º
Regime transitório

1 — O presente diploma não se aplica aos concursos cujo o aviso de abertura tenha sido publicitado até à data da sua entrada em vigor, salvo o disposto no artigo 51.º e n.º 3 do presente artigo.

2 — Mantêm-se em vigor os programas de provas aprovados ao abrigo da legislação revogada pelo presente diploma.

3 — Consideram-se válidos os concursos que, devendo ter sido abertos ao abrigo da alínea b) do n.º 1 do artigo 38.º do Dec.-Lei n.º 498/88, de 30 de Dezembro, com a redacção dada pelo artigo 1.º do Dec.-Lei n.º 215/95, de 22 de Agosto, o foram sob a forma de processo comum.

4 — Para efeitos do disposto nos n.ºˢ 3 e 4 do artigo 22.º, e enquanto não for revisto o regime de classificação de serviço, a sua ponderação é feita através da expressão quantitativa, sem arredondamento.

5 — O diploma previsto no n.º 2 do artigo 11.º deve ser publicado no prazo de um ano.

ARTIGO 54.º
Entrada em vigor

O presente diploma entra em vigor 30 dias após a data da sua publicação.

Visto e aprovado em Conselho de Ministros de 16 de Abril de 1998 — *António Manuel de Oliveira Guterres — José Veiga Simão — António Luciano Pacheco de Sousa Franco — Jorge Paulo Sacadura Almeida Coelho — João Cardona Gomes Cravinho — José Eduardo Vera Cruz Jardim — Joaquim Augusto Nunes de Pina Moura — Fernando Manuel Van-Zeller Gomes da Silva — Eduardo Carrega Marçal Grilo — Maria de Belém Roseira Martins Coelho Henriques de Pina — Eduardo Luís Barreto Ferro Rodrigues — Elisa Maria Da Costa Guimarães Ferreira — Manuel Maria Ferreira Carrilho — José Maria Rebelo Pires Gago.*

Promulgado em 18 de Junho de 1998.

Publique-se.

O Presidente da República, JORGE SAMPAIO.

Referendado em 30 de Junho de 1998.

O Primeiro Ministro, *António Manuel de Oliveira Guterres*

DECRETO-LEI N.º 238/99
de 25 de Junho

A revisão do regime de recrutamento e selecção de pessoal na Administração Pública no sentido do reforço do recrutamento como instrumento de gestão de pessoal, simplificando o procedimento sem comprometer as garantias dos interessados, foi inscrita no acordo salarial para 1996 e compromissos de médio e longo prazo, subscrito com as associações sindicais. Constitui execução deste acordo o Dec.-Lei n.º 204/98, de 11 de Julho, assim como a sua adaptação à administração local, nele prevista.

Com o presente diploma procede-se precisamente a essa adaptação às especificidades da administração local em matéria de competência, composição do júri, publicação no *Diário da República* e recurso.

Foram ouvidas, nos termos da lei, a Associação Nacional de Municípios Portugueses e a Associação Nacional de Freguesias, bem como as associações representativas dos trabalhadores da administração local.

Assim:

Nos termos da alínea a) do n.º 1 do artigo 198.º da Constituição, o Governo decreta, para valer como lei geral da República, o seguinte:

ARTIGO 1.º
Objecto e âmbito

O recrutamento e selecção de pessoal para as carreiras e categorias da administração local obedece ao disposto no Dec.-Lei n.º 204/98, de 11 de Julho, com as alterações constantes do presente diploma.

ARTIGO 2.º
Composição do júri

1 — A presidência do júri cabe a um dos membros dos órgãos referidos no n.º 2 do artigo 4.º, ou a dirigente dos serviços, de preferência da área funcional a que o recrutamento se destina.

2 — O presidente do júri e os vogais não podem ter categoria inferior àquela

para que é aberto o concurso, excepto se forem membros dos órgãos citados ou exercerem cargo dirigente.

ARTIGO 3.º
Competência do júri

Sem prejuízo do disposto no n.º 1 do artigo 14.º do Dec.-Lei n.º 204/98, de 11 de Julho, as entidades com competência para autorizar a abertura do concurso, sob proposta do júri, podem solicitar ao Ministério do Equipamento, do Planeamento e da Administração do Território ou a outras entidades públicas ou privadas especializadas na matéria ou detentoras de conhecimentos técnicos específicos exigíveis para o exercício do cargo a realização de todas ou parte das operações do concurso.

ARTIGO 4.º
Competências

1 — As competências que no artigo 9.º do Dec.-Lei n.º 204/98, de 11 de Julho, são cometidas a dirigente máximo ou a director-geral ou equiparado são reportadas da seguinte forma:
   a) Presidente da câmara municipal — nos municípios;
   b) Conselho de administração — nos serviços municipalizados;
   c) Junta de freguesia — nas freguesias;
   d) Assembleia distrital — nas assembleias distritais.

2 — As competências que nos n.ºˢ 1 e 3 do artigo 21.º do Dec.-Lei n.º 204//98, de 11 de Julho, são cometidas a membro do Governo são reportadas da seguinte forma:
   a) Presidente da câmara municipal — nos municípios;
   b) Conselho de administração — nos serviços municipalizados;
   c) Junta de freguesia — nas freguesias;
   d) Assembleia distrital — nas assembleias distritais.

3 — As competências que no n.º 1 do artigo 39.º e no n.º 1 do artigo 43.º do Dec.-Lei n.º 204/98, de 11 de Julho, são cometidas ao dirigente máximo ou ao membro do Governo competente são reportadas da seguinte forma:
   a) Presidente da câmara municipal ou câmara municipal, no caso de o presidente ser membro do júri — nos municípios;
   b) Conselho de administração — nos serviços municipalizados;
   c) Junta de freguesia — nas freguesias;
   d) Assembleia distrital — nas assembleias distritais.

4 — As competências conferidas:
   a) No n.º 1, alínea *b*), e no n.º 2, alínea *b*), ao conselho de administração consideram-se delegadas no respectivo presidente;

b) No n.º 3, alíneas *b)* e *c)*, respectivamente ao conselho de administração e à junta de freguesia consideram-se delegadas no respectivo presidente quando este não for membro do júri.

ARTIGO 5.º
Recurso

Da homologação da acta de que consta a lista de classificação final cabe recurso, nos termos do regime geral do contencioso administrativo.

ARTIGO 6.º
Publicações

Reportam-se à 3.ª série do *Diário da República* as referências feitas no Dec.-Lei n.º 204/98, de 11 de Julho, à 2.ª série do *Diário da República*.

ARTIGO 7.º
Regime transitório

Este diploma não se aplica aos concursos cujo aviso de abertura tenha sido publicitado até à data da sua entrada em vigor, salvo os casos de reconstituição da situação actual hipotética em sede de execução de sentença.

ARTIGO 8.º
Revogação

É revogado o Dec.-Lei n.º 52/91, de 25 de Janeiro.

Visto e aprovado em Conselho de Ministros de 29 de Abril de 1999 — *António Manuel de Oliveira Guterres.* — *Jorge Paulo Sacadura Almeida Coelho* — *João Cardona Gomes Cravinho.*

Promulgado em 11 de Junho de 1999.

Publique-se.

O Presidente da República, JORGE SAMPAIO

Referendado em 16 de Junho de 1999.

O Primeiro Ministro, *António Manuel de Oliveira Guterres*

DECRETO LEGISLATIVO REGIONAL N.º 27/99/A
de 31 de Julho

Regime geral de recrutamento e selecção de pessoal para a Administração Pública — adaptação à Região Autónoma dos Açores do Dec.-Lei n.º 204/98, de 11 de Julho.

Considerando que com a entrada em vigor do Dec.-Lei n.º 204/98, de 11 de Julho, foi alterado o regime geral de recrutamento e selecção de pessoal para a Administração Pública, consagrado pelo Dec.-Lei n.º 498/88, de 30 de Dezembro, e alterado pelo Dec.-Lei n.º 215/95, de 22 de Agosto;

Considerando que, não obstante aquele diploma ser de aplicação imediata na Região Autónoma dos Açores, ficou, pelo n.º 2 do artigo 2.º, salvaguardada a «competência dos órgãos de governo próprio das Regiões Autónomas»;

Considerando a necessidade da introdução de adaptações face a condicionalismos próprios da Região:

Assim, a Assembleia Legislativa Regional dos Açores decreta, nos termos da alínea a) do n.º 1 do artigo 227.º da Constituição e da alínea c) do n.º 1 do artigo 31.º do Estatuto Político-Administrativo da Região Autónoma dos Açores, o seguinte:

ARTIGO 1.º
Objecto e âmbito

A aplicação do Dec.-Lei n.º 204/98, de 11 de Julho, aos serviços da administração pública regional dos Açores, bem como aos fundos públicos e institutos públicos na modalidade de serviços personalizados, faz-se de acordo com as adaptações constantes do presente diploma.

ARTIGO 2.º
Regulamento dos concursos e programa das provas

1 — Os conteúdos funcionais, a definição dos métodos de selecção a uti-

lizar para cada categoria e os programas de provas serão elaborados pelos serviços e organismos competentes para realizar as acções de recrutamento e selecção, devendo os mesmos ser objecto de parecer pelos serviços dependentes do Secretário Regional Adjunto da Presidência e aprovados por despacho conjunto do mesmo Secretário Regional e do membro do Governo Regional da tutela.

2 — O parecer referido no número anterior deverá ser proferido no prazo de 30 dias úteis, findo o qual se consideram como aprovados os documentos submetidos a parecer.

3 — O despacho conjunto a que alude o n.º 1 deste artigo deverá conter, nomeadamente, os seguintes elementos:
  a) Definição genérica das funções correspondentes aos cargos a prover;
  b) Especificação dos métodos e fases de selecção;
  c) Incidência de cada prova na classificação final;
  d) Programas das provas de conhecimentos;
  e) Programas dos cursos de formação.

4 — No aviso de abertura do concurso deverá fazer-se, obrigatoriamente, menção expressa ao regulamento de concursos e ao programa de provas, se for caso disso.

5 — Os regulamentos de concursos aprovados em data anterior à entrada em vigor do presente diploma manter-se-ão em vigor na parte respeitante aos conteúdos funcionais e aos métodos de selecção.

6 — O disposto no número anterior aplica-se aos programas de provas.

7 — A definição do conteúdo funcional, dos métodos de selecção a utilizar e do programa das provas dos concursos centralizados nos serviços dependentes do Secretário Regional Adjunto da Presidência será aprovada por despacho do mesmo Secretário Regional.

ARTIGO 3.º
Notificação

Para efeitos de notificação, o número de candidatos a que se referem os n.ºs 2 do artigo 34.º, e 3 e 4 do artigo 38.º e as alíneas a) e b) do n.º 1 do artigo 40.º do Dec.-Lei n.º 204/98, de 11 de Julho, é de 50.

ARTIGO 4.º
Publicidade

Para além do consignado no n.º 1 do artigo 28.º, na Região Autónoma dos Açores o aviso da abertura será publicado em pelo menos dois órgãos de imprensa escrita na Região.

ARTIGO 5.º
Correspondência de cargos

As competências previstas na alínea *c)* do artigo 9.º, no n.º 1 do artigo 11.º, no n.º 2 do artigo 14.º e no n.º 4 do artigo 21.º do Dec.-Lei n.º 204/98, de 11 de Julho, são exercidas, na administração pública regional dos Açores, respectivamente, pelo director regional de Organização e Administração Pública, pelo Conselho do Governo Regional e pela Direcção Regional de Organização e Administração Pública.

ARTIGO 6.º
Jornal Oficial

As referências feitas no Dec.-Lei n.º 204/98, de 11 de Julho, à 2.ª série do *Diário da República* reportam-se, na administração pública regional, à 2.ª série do *Jornal Oficial* da Região Autónoma dos Açores.

Aprovado pela Assembleia Legislativa Regional dos Açores, na Horta, em 15 de Junho de 1999.

O Presidente da Assembleia Legislativa Regional, *Humberto Trindade Borges de Melo.*

Assinado em Angra do Heroísmo em 9 de Julho de 1999.

Publique-se.

O Ministro da República para a Região Autónoma dos Açores, *Alberto Manuel de Sequeira Leal Sampaio da Nóvoa.*

DECRETO LEGISLATIVO REGIONAL N.º 14/89/M
de 6 de Junho

Adaptação à Região Autónoma da Madeira do Dec.-Lei n.º 498//88, de 30 de Dezembro, que estabeleceu o novo regime geral de recrutamento e selecção de pessoal para Administração Pública

O Dec.-Lei n.º 498/88, de 30 de Dezembro, estabeleceu um novo regime geral de recrutamento e selecção de pessoal para a Administração Pública.

Urge, no entanto, definir, a nível da administração regional autónoma da Madeira, as entidades que exercerão as competências conferidas aos diversos órgãos e serviços do Governo.

Assim, nos termos da alínea b) do artigo 229.º da Constituição da República a Assembleia Regional da Madeira decreta o seguinte:

ARTIGO 1.º

1 — As referências feitas a "departamento ministerial", constantes da alínea b) do n.º 3 do artigo 6.º e do n.º 2 do artigo 38.º do Dec.-Lei n.º 498/88, de 30 de Dezembro, consideram-se reportadas a "departamento do Governo Regional".

2 — As referências feitas a "dirigente máximo do serviço ou organismo competente" e a "dirigente", constantes do n.º 1 do artigo 8.º, do n.º 2 do artigo 10.º, do n.º 3 do artigo 32.º e do artigo 45.º do diploma mencionado, consideram-se reportados a "membro do Governo Regional competente".

3 — As referências feitas à "Direcção-Geral da Administração Pública", constantes da alínea b) do artigo 13.º, da alínea j) do artigo 16.º, do artigo 29.º e do n.º 1, alínea a) do artigo 39.º do mencionado diploma, consideram-se reportadas à "Secretaria Regional da Administração Pública".

4 — As referências a "Diário da República", constantes do n.º 1 do artigo 15.º, do n.º 1 do artigo 18.º, das alíneas a) e b) do n.º 2 e do n.º 6 do artigo 24.º, e do n.º 1 do artigo 41.º do mencionado diploma, consideram-se reportadas a "Jornal Oficial da Região Autónoma da Madeira".

5 — As referência feita no artigo 34.° do mencionado diploma a "membro do Governo competente" considera-se reportada ao "plenário do Governo Regional".

6 — As referências a «serviços», constantes da alínea b) do n.° 1 do artigo 39.° e do n.° 1 do artigo 41.° do diploma acima citado, consideram-se reportadas a "secretarias regionais".

ARTIGO 2.°

A competência para autorizar a abertura de concurso respeita:

a) Ao membro do Governo Regional competente para a sua realização;

b) Ao Secretário Regional da Administração Pública, no caso de centralização de recrutamento para categorias de ingresso de carreiras comuns à Administração Pública, nos termos do n.° 1 do artigo 38.° do Dec.-Lei n.° 498/88, de 30 de Dezembro.

ARTIGO 3.°

Os candidatos excluídos dos concursos podem recorrer para o membro do Governo Regional competente, nos termos previstos no artigo 24.° do Dec.-Lei n.° 498/88, de 30 de Dezembro.

ARTIGO 4.°

O processo de concurso especial aplicar-se-à sempre que se verifiquem necessidades de pessoal relativas a categorias de ingresso de carreiras comuns à Administração, cujo recrutamento seja centralizado ao nível da Secretaria Regional da Administração Pública, por decisão do Governo Regional.

ARTIGO 5.°

São revogados o Decreto Legislativo Regional n.° 5/83/M, de 20 de Julho, e o Decreto Regulamentar Regional n.° 29/83/M, de 26 de Novembro.

ARTIGO 6.°

O presente diploma entra em vigor no dia seguinte ao da sua publicação.

Aprovado em sessão plenária em 10 de Maio de 1989.

O Presidente da Assembleia Regional, *Jorge Nélio Praxedes Ferraz Mendonça.*

Assinado em 17 de Maio de 1989.

O Ministro da República para a Região Autónoma da Madeira, *Lino Dias Miguel*

RESOLUÇÃO N.º 1014/98
(in Jornal Oficial da Região Autónoma da Madeira,
1.ª série n.º 53, de 11 de Agosto de 1998)

Considerando a recente publicação do Dec.-Lei n.º 204/98, de 11 de Julho, diploma que aprovou o novo regime de concursos de recrutamento e selecção de pessoal, o qual determinou a sua aplicação directa à administração regional autónoma;

Considerando que os directores regionais e equiparados não detêm as competências para a abertura de concursos e prática dos restantes actos subsequentes, conforme resulta do Mapa II, anexo ao Decreto Legislativo Regional n.º 8/91/M, de 18 de Março, diploma que adaptou à administração regional autónoma o Estatuto do Pessoal Dirigente da Função Pública, circunstância esta, específica da administração pública da Região e que não contende com os princípios essenciais do Dec.-Lei n.º 204/98, de 11 de Julho;

Considerando que as publicações a fazer em órgão de imprensa oficial, no que respeita aos concursos realizados para provimento de lugares de serviços e organismos da administração regional autónoma, terão de reportar-se ao Jornal Oficial da Região, nos termos da Portaria n.º 208/82, de 31 de Dezembro, alínea b) n.º 1, artigo 3.º;

Nesta medida, continua a fazer sentido a vigência do regime constante do Decreto Legislativo Regional n.º 14/89/M, de 6 de Junho, como orientação para as adaptações que cabe fazer, concretamente, aquando da aplicação do dito Dec.--Lei n.º 204/98, nos serviços e organismos dependentes dos órgãos de governo da Região.

Nestes termos, o Conselho do Governo regional reunido em plenário em 6 de Agosto de 1998, resolveu, ao abrigo do n.º 2, do artigo 2.º, do Dec.-Lei n.º 204/98 e alínea d), do artigo 49.º, da Lei n.º 13/91, de 5 de Junho, determinar o seguinte:

1 — As competências para abertura de concursos, homologação de actas e interposição de recursos constantes do Dec.-Lei n.º 204/98, de 11 de Julho, serão exercidas nos termos do disposto no Decreto Legislativo Regional n.º 14/89/M, de 6 de Junho.

2 — As referências a Diário da República constantes do Dec.-Lei, n.º 204//98, de 11 de Julho, continuam a reportar-se ao Jornal Oficial da Região Autónoma da Madeira.

3 — O recrutamento centralizado a que se refere o artigo 11.º do Dec.-Lei n.º 204/98, de 11 de Julho, é autorizado nos termos definidos no artigo 4.º do Decreto Legislativo Regional n.º 14/89/M, de 6 de Junho, e é centralizado na Direcção Regional da Administração Pública e Local.

4 — As competências cometidas à Direcção-Geral da Administração Pública e ao correspondente Director-Geral, constantes dos artigos 14.º e 21.º, reportam-se à Direcção Regional da Administração Pública e Local e ao seu Director Regional, respectivamente.

Presidência do Governo Regional. — O Presidente do Governo Regional, *Alberto João Cardoso Gonçalves Jardim.*

PRESIDÊNCIA DO CONSELHO DE MINISTROS
Gabinete do Primeiro-Ministro
Direcção-Geral da Administração Pública

Despacho n.º 13381/99 (2.ª série). — 1 — Ao abrigo dos n.ºs 1, 2 e 4 do artigo 21.º do Dec.-Lei n.º 204/98, de 11 de Julho, aprovo o programa de provas de conhecimentos gerais a utilizar nos concursos de ingresso nas carreiras//categorias dos grupos de pessoal técnico superior, informática, técnico, técnico--profissional, administrativo e auxiliar, do quadro de pessoal dos serviços e organismos pertencentes *à* administração pública central e institutos públicos nas modalidades de serviços personalizados do Estado e de fundos públicos, em anexo ao presente despacho.

2 — Nos termos do artigo 18.º do supracitado Dec.-Lei, a prova de conhecimentos aplicável a cada carreira/categoria é elaborada tendo em conta o complexo de tarefas e responsabilidades inerentes ao respectivo conteúdo funcional e o conjunto de requisitos de natureza habilitacional ou profissional exigível para o seu exercício.

3 — Mantêm-se em vigor os programas de provas de conhecimentos gerais já aprovados ao abrigo do Dec.-Lei n.º 204/98, podendo, no entanto, os serviços optar pela utilização dos programas ora aprovados.

4 — A opção prevista no final do número anterior é definitiva, considerando-se derrogado o programa próprio.

1 de Julho de 1999 — O Director-Geral, *Júlio G. Casanova Nabais.*

ANEXO

I — Programa da prova de conhecimentos gerais para ingresso nas carreiras dos grupos de pessoal técnico superior, informática e técnico.

1 — Direitos e deveres da função pública e deontologia profissional:

1.1 — Regime de férias, faltas e licenças;

1.2 — Estatuto remuneratório dos funcionários e agentes da Administração Pública;

1.3 — Estatuto Disciplinar dos Funcionários e Agentes da Administração Pública;

1.4 — Deontologia do serviço público.

2 — Atribuições e competências próprias do serviço para o qual é aberto concurso.

II — Programa da prova de conhecimentos gerais para ingresso nas carreiras/categorias dos grupos de pessoal técnico-profissional, administrativo e auxiliar.

1 — Conhecimentos ao nível das habilitações exigidas para ingresso na respectiva carreira, fazendo apelo aos conhecimentos adquiridos no âmbito escolar, designadamente nas áreas de português e de matemática, e aos resultantes da vivência do cidadão comum.

2 — Direitos e deveres da função pública e deontologia profissional:

2.1 — Regime de férias, faltas e licenças;

2.2 — Estatuto remuneratório dos funcionários e agentes da Administração Pública;

2.3 — Estatuto Disciplinar dos Funcionários e Agentes da Administração Pública;

2.4 — Deontologia do serviço público.

3 — Atribuições e competências próprias do serviço para o qual é aberto concurso.

(Despacho publicado in Diário da República, 2.ª Série, n.º 162, de 14 de Julho de 1999.)

LEI N.º 49/99
de 22 de Junho

Estabelece o estatuto do pessoal dirigente dos serviços e organismos da administração central e local do Estado e da administração regional, bem como, com as necessárias adaptações, dos institutos públicos que revistam a natureza de serviços personalizados ou de fundos públicos.

A Assembleia da República decreta, nos termos da alínea *c*) do artigo 161.º da Constituição, para valer como lei geral da República, o seguinte:

CAPÍTULO I
Objecto e âmbito de aplicação

ARTIGO 1.º
Objecto e âmbito

1 — A presente lei estabelece o estatuto do pessoal dirigente dos serviços e organismos da administração central e local do Estado e da administração regional, bem como, com as necessárias adaptações, dos institutos públicos que revistam a natureza de serviços personalizados ou de fundos públicos.

2 — A aplicação do regime previsto na presente lei nas Regiões Autónomas dos Açores e da Madeira não prejudica a publicação de diploma legislativo regional que o adapte às especificidades orgânicas do pessoal dirigente da respectiva administração regional.

3 — A presente lei será aplicada, com as necessárias adaptações, à administração local mediante decreto-lei.

4 — A presente lei não é aplicável ao pessoal das Forças Armadas e das forças de segurança.

5 — O regime previsto na presente lei não se aplica aos institutos públicos cujo pessoal dirigente esteja subordinado ao Estatuto do Gestor Público e àqueles que estejam sujeitos ao regime do contrato individual de trabalho ou a regimes de direito público privativo.

ARTIGO 2.º
Pessoal e cargos dirigentes

1 — Considera-se dirigente o pessoal que exerce actividades de direcção, gestão, coordenação e controlo nos serviços ou organismos públicos referidos no artigo anterior.

2 — São considerados cargos dirigentes os de director-geral, secretário--geral, inspector-geral, subdirector-geral, director de serviços e chefe de divisão, bem como os cargos a estes legalmente equiparados.

3 — As referências feitas na presente lei a director-geral e subdirector-geral são aplicáveis, respectivamente, aos cargos de secretário-geral e inspector-geral e aos de adjunto do secretário-geral e subinspector-geral.

4 — Excluem-se do disposto no n.º 2 os cargos de direcção integrados em carreiras e, bem assim, o de secretário-geral da Assembleia da República.

5 — A criação de cargos dirigentes diversos dos que são enumerados no n.º 2, com fundamento na melhor adequação à correspondente solução estrutural ou na especificidade das funções a exercer, será feita no diploma orgânico dos respectivos serviços ou organismos, no qual será expressamente estabelecida a equiparação.

6 — O pessoal dirigente exerce as suas competências no âmbito da unidade orgânica em que se integra e desenvolve as suas actividades de harmonia com o conteúdo funcional genericamente definido para cada cargo no mapa I anexo à presente lei, que dele faz parte integrante, sem prejuízo dos casos em que as respectivas leis orgânicas lhe atribuam competência hierárquica sobre outros serviços ou organismos.

7 — Ao subdirector-geral não compete a direcção de qualquer unidade orgânica, salvo nos casos previstos nas leis orgânicas dos respectivos serviços ou organismos.

CAPÍTULO II
Recrutamento, provimento e exercício de funções

SECÇÃO I
Do recrutamento

ARTIGO 3.º
Recrutamento de directores-gerais e subdirectores-gerais

1 — O recrutamento para os cargos de director-geral e subdirector-geral ou equiparados é feito por escolha, de entre dirigentes e assessores ou titulares de categorias equiparadas da Administração Pública, para cujo provimento seja exigí-

vel uma licenciatura, que possuam aptidão e experiência profissional adequada ao exercício das respectivas funções.

2 — O recrutamento para estes cargos pode ainda fazer-se de entre indivíduos licenciados, vinculados ou não à Administração Pública, que possuam aptidão e experiência profissional adequada ao exercício das respectivas funções.

3 — O despacho de nomeação, devidamente fundamentado, é publicado no Diário da República juntamente com o currículo do nomeado.

ARTIGO 4.º
Recrutamento de directores de serviços e chefes de divisão

1 — O recrutamento para os cargos de director de serviços e chefe de divisão ou equiparados é feito, por concurso, de entre funcionários que reúnam cumulativamente os seguintes requisitos:

a) Licenciatura adequada;

b) Integração em carreira do grupo de pessoal técnico superior;

c) Seis ou quatro anos de experiência profissional em cargos inseridos em carreiras do grupo de pessoal a que alude a alínea precedente, consoante se trate, respectivamente, de lugares de director de serviços ou chefe de divisão.

2 — O recrutamento para o cargo de director de serviços pode, ainda, ser feito por concurso de entre chefes de divisão.

3 — Na proposta de abertura do concurso são estabelecidas as condições preferenciais de habilitações e experiência consideradas necessárias ao desempenho do cargo, as quais constarão do respectivo aviso.

4 — Para efeitos do disposto nas alíneas *b*) e *c*) do n.º 1, consideram-se integradas no grupo de pessoal técnico superior as carreiras para cujo provimento seja legalmente exigível uma licenciatura, nomeadamente as denominadas carreiras técnicas superiores, independentemente da sua designação específica, e as carreiras da magistratura judicial e do Ministério Público, investigação, docentes e médicas.

5 — Ainda para efeitos do disposto nos preceitos citados no número precedente, considera-se equiparado ao grupo de pessoal técnico superior o pessoal das Forças Armadas e das forças de segurança integrado em carreiras para cujo ingresso seja exigível a posse de licenciatura.

6 — O recrutamento para os cargos de director de serviços e chefe de divisão de unidades orgânicas cujas funções sejam essencialmente asseguradas por pessoal da carreira técnica poderá também ser feito de entre funcionários pertencentes ao grupo de pessoal técnico que possuam curso superior que não confira o grau de licenciatura e, respectivamente, seis ou quatro anos de experiência profissional nas áreas de actividade dos cargos a exercer.

7 — Nos casos em que as leis orgânicas expressamente o prevejam, o recrutamento para os cargos de director de serviços e chefe de divisão poderá também ser feito de entre funcionários integrados em carreiras específicas dos respectivos serviços ou organismos, ainda que não possuidores de curso superior.

8 — Nos casos em que os concursos para recrutamento de director de serviços e chefe de divisão fiquem desertos, ou em que não haja candidatos aprovados, o recrutamento pode fazer-se por escolha, em regime de comissão de serviço por um ano.

9 — Nos casos de criação de serviços, o primeiro provimento dos cargos de director de serviços e chefe de divisão pode ser feito por escolha, em regime de comissão de serviço por um ano.

10 — Nos casos previstos nos n.os 8 e 9 é aberto concurso até 120 dias antes do termo da comissão de serviço do nomeado.

11 — Nos concursos abertos nos termos do número anterior, os nomeados ao abrigo do disposto nos n.os 8 e 9 gozam de preferência em caso de igualdade de classificação, considerando-se prorrogada a respectiva comissão até ao provimento do concursado.

SECÇÃO II
Do concurso

ARTIGO 5.º
Comissão de observação e acompanhamento

1 — Junto do membro do Governo que tem a seu cargo a Administração Pública funcionará uma comissão de observação e acompanhamento dos concursos para os cargos dirigentes, com a seguinte composição:

a) Um magistrado, indicado pelo Conselho Superior da Magistratura, que preside;

b) Quatro representantes da Administração, designados por despacho do membro do Governo que tenha a seu cargo a Administração Pública, obtida a anuência do membro do Governo respectivo, quando se trate de funcionário dependente de outro departamento;

c) Quatro representantes das associações sindicais dos trabalhadores da função pública.

2 — A comissão observa e acompanha os processos de concurso para os cargos dirigentes, podendo solicitar a todo o tempo informações sobre o respectivo andamento.

3 — À comissão compete ainda:

a) Superintender no sorteio dos membros do júri do concurso vinculados à Administração Pública, nos termos do artigo 7.º da presente lei;

b) Elaborar relatório anual sobre os concursos para cargos dirigentes;
c) Aprovar o respectivo regulamento interno.

4 — O apoio administrativo ao funcionamento da comissão é prestado pelo gabinete do membro do Governo que tenha a seu cargo a Administração Pública.

ARTIGO 6.º
Constituição e composição do júri

1 — O júri dos concursos para os cargos a que se referem os artigos anteriores é constituído por despacho do membro do Governo em cuja dependência se encontra o serviço em que se integra o cargo posto a concurso.

2 — O júri é composto por um presidente e por dois ou quatro vogais efectivos, dos quais até metade podem ser escolhidos de entre pessoas não vinculadas à Administração Pública, caso em que lhes será fixada uma compensação adequada, por despacho conjunto do Ministro das Finanças e do membro do Governo que tenha a seu cargo a Administração Pública.

3 — Os membros do júri que tenham vínculo à Administração Pública não podem ter categoria inferior àquela para que é aberto concurso e são sorteados de entre pessoal dirigente, preferencialmente e sempre que possível, do serviço ou departamento em que se insere o respectivo cargo.

4 — O presidente do júri é o director-geral ou um subdirector-geral ou equiparado, ou ainda um dos membros do órgão máximo do serviço, no caso de o lugar a prover ser o de director de serviços, ou um director de serviços, caso o concurso se destine ao provimento do cargo de chefe de divisão do organismo a que pertence o cargo posto a concurso.

5 — Os vogais efectivos podem ser escolhidos, mediante sorteio, de entre pessoal não vinculado à Administração Pública, até ao limite de um ou dois, conforme, respectivamente, o júri seja composto por dois ou quatro vogais efectivos, devendo possuir, em qualquer caso, habilitação literária não inferior à exigida para o exercício do cargo posto a concurso, bem como experiência e competência reconhecidas na área do cargo para o qual é aberto o concurso.

ARTIGO 7.º
Do sorteio

1 — O sorteio a que se refere o artigo anterior é efectuado com base em listas apresentadas pelo dirigente máximo do serviço ao membro do Governo competente, com a proposta de abertura do concurso, sendo uma lista destinada ao sorteio do presidente e outra ao dos vogais.

2 — O membro do Governo, após receber as listas a que se refere o número anterior, promove, de imediato, o sorteio.

3 — As listas contêm dirigentes em número duplo ao dos membros do júri, nas respectivas qualidades, devendo o dirigente máximo fundamentar a respectiva designação.

4 — Os vogais suplentes são designados nos mesmos termos dos vogais efectivos.

5 — Os vogais suplentes não vinculados à Administração só podem substituir os vogais efectivos igualmente não vinculados.

6 — O sorteio realiza-se perante o presidente da comissão de observação e acompanhamento dos concursos ou seu representante, sendo lavrada acta, da qual constem os seguintes elementos:

a) As listas a que se refere o n.º 1;
b) A indicação dos presentes;
c) O método utilizado;
d) O resultado do sorteio.

ARTIGO 8.º
Abertura do concurso e métodos de selecção

1 — A abertura do concurso é autorizada pelo membro do Governo competente sob proposta do dirigente máximo do serviço, contendo o cargo, área de actuação e métodos de selecção a utilizar.

2 — Nos concursos para os cargos de director de serviços e chefe de divisão podem ser utilizados quaisquer dos métodos de selecção previstos para as carreiras do regime geral, sem prejuízo do estabelecimento de critérios de apreciação específicos.

3 — O programa da prova de conhecimentos, quando este método seja utilizado, é aprovado pelo membro do Governo.

4 — Na realização da entrevista profissional de selecção é obrigatória a participação da totalidade do júri.

5 — Os diplomas orgânicos dos serviços podem prever métodos de selecção e ou procedimentos de recrutamento específicos, verificadas as condições constantes do n.º 5 do artigo 2.º

6 — O despacho que autoriza a abertura do concurso contém o respectivo prazo de validade e a composição do júri, bem como o prazo para elaboração do competente aviso e envio para publicação.

ARTIGO 9.º
Validade do concurso

1 — O concurso é válido para o preenchimento do cargo para o qual é aberto.

2 — O prazo de validade é fixado, pela entidade que abre o concurso, de seis meses a um ano, contado da data da publicitação da lista de classificação final.

ARTIGO 10.º
Publicitação

1 — O aviso de abertura é publicado no Diário da República, 2.ª série, contendo, para além da menção da presente lei, o seguinte:

a) Cargo, área de actuação, requisitos legais e condições preferenciais;

b) Composição do júri;

c) Métodos de selecção a utilizar e programa da prova de conhecimentos, quando for caso disso;

d) Indicação de que os critérios de apreciação e ponderação da avaliação curricular e da entrevista profissional de selecção, bem como o sistema de classificação final, incluindo a respectiva fórmula classificativa, constam de acta das reuniões do júri do concurso, sendo a mesma facultada aos candidatos sempre que solicitada;

e) Prazo de validade;

f) Entidade a quem apresentar o requerimento, com o respectivo endereço, prazo de entrega, forma de apresentação e demais indicações necessárias à formalização da candidatura.

2 — Simultaneamente ao envio para publicação, é remetida cópia do aviso ao presidente da comissão de observação e acompanhamento dos concursos para os cargos dirigentes.

ARTIGO 11.º
Candidaturas

1 — Os candidatos formalizam as respectivas candidaturas através de requerimento de admissão a concurso, contendo obrigatoriamente a declaração de que possuem os requisitos legais de admissão, juntando ainda o respectivo curriculum vitae.

2 — A falta da declaração a que se refere o número anterior determina a exclusão do concurso.

3 — Analisadas as candidaturas, o júri procede à audiência dos interessados, se a ela houver lugar, nos termos do Código do Procedimento Administrativo.

4 — O júri convoca os candidatos admitidos para a realização dos métodos de selecção através de ofício registado.

ARTIGO 12.º
Princípio geral de selecção

A definição do conteúdo dos métodos de selecção e do programa da prova de conhecimentos, quando aplicável, é feita em função do complexo de tarefas e responsabilidades inerentes ao cargo posto a concurso e do conjunto de requisitos legais exigíveis para o seu exercício.

ARTIGO 13.º
Sistema de classificação

1 — Os resultados obtidos na aplicação dos métodos de selecção são classificados na escala de 0 a 20 valores.

2 — A classificação final é expressa na escala de 0 a 20 valores e resulta da média aritmética simples ou ponderada das classificações obtidas nos métodos de selecção, sendo que a entrevista profissional de selecção não pode ter um índice de ponderação superior a qualquer um dos métodos de selecção.

3 — Consideram-se não aprovados os candidatos que obtenham classificação final inferior a 9,5 valores.

4 — Em caso de igualdade de classificação, a ordenação é definida de acordo com a utilização sucessiva dos seguintes critérios de preferência:

a) Pertencer ao serviço a que corresponde o cargo posto a concurso;

b) Maior número de anos de experiência profissional em cargos relevantes, nos termos da alínea *c*) do n.º 1 do artigo 4.º da presente lei.

5 — Compete ao júri o estabelecimento de critérios de desempate, sempre que subsista igualdade após aplicação dos critérios referidos no número anterior.

ARTIGO 14.º
Audiência

Após as operações de recrutamento e selecção, o júri elabora projecto de lista contendo a classificação final dos candidatos aprovados e não aprovados e procede à audiência dos interessados, nos termos do Código do Procedimento Administrativo.

ARTIGO 15.º
Lista de classificação final

1 — A acta que contém a lista de classificação final é submetida a homologação do membro do Governo competente, no prazo de cinco dias.

2 — No prazo de cinco dias após a homologação, é publicitada a lista de classificação final, por afixação no respectivo serviço ou organismo, recorrendo-se ao ofício registado, no mesmo prazo, para os interessados externos ao serviço ou organismo.

3 — No prazo referido no n.º 2 é remetida cópia da lista ao presidente da comissão de observação e acompanhamento dos concursos para os cargos dirigentes.

ARTIGO 16.º
Nomeação

1 — A nomeação obedece à ordenação da lista de classificação final.

2 — A nomeação deve ter lugar no prazo de cinco dias contados do termo do prazo para interposição de recurso hierárquico ou, caso este tenha sido interposto, nos cinco dias posteriores à respectiva decisão.

ARTIGO 17.º
Direito subsidiário

Em tudo o que não esteja especialmente regulado na presente lei aplica-se o regime geral de recrutamento e selecção de pessoal para os quadros da Administração Pública relativo ao concurso interno geral.

SECÇÃO III
Do provimento e exercício de funções

ARTIGO 18.º
Provimento

1 — O pessoal dirigente é provido em comissão de serviço por um período de três anos, que poderá ser renovada por iguais períodos.

2 — Para efeitos de eventual renovação da comissão de serviço deve o membro do Governo competente ser informado pelos respectivos serviços, com a antecedência mínima de 120 dias, do termo do período de cada comissão, ces-

sando esta automaticamente no fim do respectivo período sempre que não seja dado cumprimento àquela formalidade.

3 — A renovação da comissão de serviço deverá ser comunicada ao interessado até 90 dias antes do seu termo, cessando a mesma automaticamente no final do respectivo período se o membro do Governo competente não tiver manifestado expressamente a intenção de a renovar.

4 — No caso de não renovação da comissão de serviço de pessoal dirigente cujo provimento está sujeito a concurso, o membro do Governo determina a abertura do concurso para o respectivo cargo no prazo previsto no número anterior.

5 — Até à nomeação do novo titular, as funções são asseguradas em regime de gestão corrente ou por substituição, não podendo ter duração superior a seis meses, salvo se estiver a decorrer o procedimento de concurso.

6 — O provimento dos cargos dirigentes é feito:

a) O de director-geral, por despacho conjunto do Primeiro-Ministro e do membro do Governo competente;

b) O de subdirector-geral, director de serviços e chefe de divisão, por despacho do membro do Governo competente;

c) O de subdirector-geral, quando a escolha recaia sobre indivíduos não vinculados, por despacho conjunto do Primeiro-Ministro e do membro do Governo competente.

7 — O provimento de pessoal dirigente entende-se sempre feito por urgente conveniência de serviço, salvo se o contrário for expressamente declarado no despacho de nomeação.

ARTIGO 19.º
Suspensão da comissão de serviço

1 — A comissão de serviço do pessoal dirigente suspende-se nos casos seguintes:

a) Exercício dos cargos de Presidente da República, deputado à Assembleia da República, membro do Governo, Ministro da República para as Regiões Autónomas, Governador e Secretário-Adjunto do Governo de Macau e outros por lei a eles equiparados, membros dos governos e das assembleias regionais, governador civil e vice-governador civil, presidente e vice-presidente do Conselho Económico e Social, presidente de câmara municipal e de comissão administrativa ou vereador em regime de permanência, juiz do Tribunal Constitucional;

b) Exercício dos cargos de chefe da Casa Civil e do Gabinete do Presidente da República e membros da Casa Civil e do Gabinete do Presidente da República, chefe de gabinete e adjunto do Presidente da Assembleia da República, dos membros do Governo, do Ministro da República e dos grupos parlamentares, dos governos e assembleias regionais e, bem assim, de assessor do Primeiro-Ministro, ou outros por lei a eles equiparados;

c) Exercício de cargo ou função de reconhecido interesse público, desde que de natureza transitória ou com prazo certo de duração, que não possa ser desempenhado em regime de acumulação;

d) Exercício de funções em regime de substituição nos termos do artigo 21.º ou nas situações previstas em lei especial.

2 — Nos casos referidos no número anterior, a comissão de serviço suspende-se enquanto durar o exercício do cargo ou função, suspendendo-se igualmente a contagem do prazo da comissão, devendo as respectivas funções ser asseguradas nos termos do artigo 21.º desta lei.

3 — Sem prejuízo do disposto no número anterior, o período de suspensão conta, para todos os efeitos legais, como tempo de serviço prestado no cargo dirigente de origem.

4 — Para efeitos do disposto na alínea *c*) do n.º 1, o reconhecimento do interesse público faz-se mediante despacho:

a) Do Primeiro-Ministro, no caso dos directores-gerais;

b) Do ministro competente, nos restantes casos.

ARTIGO 20.º
Cessação da comissão de serviço

1 — Sem prejuízo do previsto na presente lei, a comissão de serviço cessa automaticamente:

a) Pela tomada de posse seguida de exercício, noutro cargo ou função, a qualquer título, salvo nos casos em que houver lugar a suspensão ou for permitida a acumulação nos termos da presente lei;

b) Por extinção ou reorganização da unidade orgânica, salvo se, por despacho fundamentado do membro do Governo, for mantida a comissão de serviço na unidade orgânica que lhe suceda, independentemente da alteração do respectivo nível.

2 — A comissão de serviço pode, a todo o tempo, ser dada por finda durante a sua vigência:

a) Por despacho fundamentado do membro do Governo competente, nos casos de director-geral ou de subdirector-geral ou cargos equiparados, podendo tal fundamentação basear-se, nomeadamente, na não comprovação superveniente da capacidade adequada a garantir a execução das orientações superiormente fixadas, na não realização dos objectivos previstos, na necessidade de imprimir nova orientação à gestão dos serviços, de modificar as políticas a prosseguir por estes ou de tornar mais eficaz a sua actuação e na não prestação de informações ou na prestação deficiente das mesmas quando consideradas essenciais para o cumprimento de política global do Governo;

b) Por despacho fundamentado do membro do Governo competente, na sequência de procedimento disciplinar em que se tenha concluído pela aplicação de sanção disciplinar;

c) A requerimento do interessado, apresentado nos serviços com a antecedência mínima de 60 dias, e que se considerará deferido se, no prazo de 30 dias a contar da data da sua entrada, sobre ele não recair despacho de indeferimento.

ARTIGO 21.º
Substituição

1 — Os cargos dirigentes podem ser exercidos em regime de substituição enquanto durar a vacatura do lugar ou a ausência ou impedimento do respectivo titular.

2 — A substituição só poderá ser autorizada quando se preveja que os condicionalismos referidos no número anterior persistam por mais de 60 dias, sem prejuízo de, em todos os casos, deverem ser asseguradas as funções atribuídas aos dirigentes ausentes.

3 — No caso de vacatura do lugar, a substituição tem a duração máxima de seis meses, improrrogáveis, salvo se estiver a decorrer o procedimento de concurso.

4 — A substituição cessará na data em que o titular do cargo dirigente inicie ou retome funções ou, a qualquer momento, por decisão do membro do Governo que a determinou ou a pedido do substituto, logo que deferido.

5 — A substituição deferir-se-á pela seguinte ordem:

a) Substituto designado na lei;

b) Substituto designado por despacho do membro do Governo competente.

6 — A substituição considera-se sempre feita por urgente conveniência de serviço.

7 — O período de substituição conta, para todos os efeitos legais, como tempo de serviço prestado no cargo ou lugar anteriormente ocupado pelo substituto, bem como no lugar de origem.

8 — O substituto terá direito à totalidade dos vencimentos e demais abonos e regalias atribuídos pelo exercício do cargo do substituído, independentemente da libertação das respectivas verbas por este, sendo os encargos suportados pelas correspondentes dotações orçamentais.

ARTIGO 22.º
Regime de exclusividade

1 — O pessoal dirigente exerce funções em regime de exclusividade, não sendo permitido, durante a vigência da comissão de serviço, o exercício de outros

cargos ou funções públicas remunerados, salvo os que resultem de inerências ou de representação de departamentos ministeriais ou de serviços públicos e, bem assim, do exercício de fiscalização ou controlo de dinheiros públicos, sem prejuízo da Lei n.º 12/96, de 18 de Abril.

2 — O disposto no número anterior não abrange as remunerações provenientes de:

a) Direitos de autor;

b) Realização de conferências, palestras, acções de formação de curta duração e outras actividades de idêntica natureza;

c) Actividade docente em instituições de ensino superior público, não podendo o horário parcial ultrapassar um limite a fixar por despacho conjunto dos Ministros das Finanças e da Educação;

d) Participação em comissões ou grupos de trabalho, quando criados por resolução ou deliberação do Conselho de Ministros;

e) Participação em conselhos consultivos, comissões de fiscalização ou outros organismos colegiais, quando previstos na lei e no exercício de fiscalização ou controlo de dinheiros públicos.

3 — Não é permitido o exercício de actividades privadas pelos titulares de cargos dirigentes, ainda que por interposta pessoa, excepto em casos devidamente fundamentados, autorizados pelo membro do Governo competente, o qual só será concedido desde que a mesma actividade não se mostre susceptível de comprometer ou interferir com a isenção exigida para o exercício dos mencionados cargos.

4 — A violação do disposto neste artigo constitui fundamento para dar por finda a comissão de serviço, nos termos da alínea *a*) do n.º 2 do artigo 20.º

ARTIGO 23.º
Regime especial de incompatibilidades

Aos directores-gerais, subdirectores-gerais ou equiparados aplica-se o regime de incompatibilidades previsto na lei para os altos cargos públicos.

ARTIGO 24.º
Isenção de horário

1 — O pessoal dirigente está isento de horário de trabalho, não lhe sendo, por isso, devida qualquer remuneração por trabalho prestado fora do horário normal.

2 — A isenção prevista no número anterior abrange a obrigatoriedade de, a qualquer momento, comparecer ao serviço quando chamado e não dispensa a observância do dever geral de assiduidade, nem o cumprimento da duração normal de trabalho.

CAPÍTULO III
Competências do pessoal dirigente

ARTIGO 25.º
Competências do pessoal dirigente

1 — Incumbe, genericamente, ao pessoal dirigente assegurar a gestão permanente das respectivas unidades orgânicas.

2 — Compete ao director-geral superintender em todos os serviços da sua direcção-geral, assegurar a unidade de direcção, submeter a despacho os assuntos que careçam de resolução superior, representar o serviço e exercer as competências constantes do mapa II anexo à presente lei, de que faz parte integrante, bem como as que lhe houverem sido delegadas ou subdelegadas.

3 — As competências dos directores-gerais em matéria de gestão de recursos humanos não prejudicam as competências atribuídas aos secretários-gerais nos casos dos departamentos ministeriais que possuam quadros únicos, nem as restrições vigentes à admissão de pessoal na função pública.

4 — Compete ao subdirector-geral exercer as competências que lhe forem delegadas pelo membro do Governo competente ou delegadas ou subdelegadas pelo director-geral, bem como as que lhe forem expressamente cometidas pelo diploma orgânico do respectivo serviço ou organismo.

5 — O director-geral será substituído nas suas faltas ou impedimentos pelo subdirector-geral designado pelo membro do Governo competente, sob proposta do primeiro.

6 — Compete ao director de serviços e ao chefe de divisão exercer as competências constantes do mapa II anexo à presente lei, que dele faz parte integrante, bem como as que lhes tiverem sido delegadas ou subdelegadas.

ARTIGO 26.º
Competências específicas

As competências constantes do mapa II anexo à presente lei não prejudicam a existência de competências mais amplas conferidas aos directores-gerais pelas leis orgânicas dos respectivos serviços.

ARTIGO 27.º
Delegação de competências

1 — Os membros do Governo podem delegar nos directores-gerais a competência para emitir instruções referentes a matérias relativas às atribuições gené-

ricas dos respectivos serviços e organismos, bem como as competências relativas ao procedimento de concurso.

2 — O director-geral poderá delegar ou subdelegar em todos os níveis de pessoal dirigente as competências próprias ou as delegadas, salvo as previstas no número anterior.

3 — Os membros do Governo podem delegar nos secretários-gerais ou, quando existam, nos dirigentes máximos dos serviços centrais com atribuições em matéria de recursos humanos a competência para decidir recursos hierárquicos interpostos de actos praticados pelos demais dirigentes máximos dos serviços em matéria de gestão de recursos humanos.

ARTIGO 28.º
Delegação de competências no substituto

O exercício de funções em regime de substituição abrange os poderes delegados e subdelegados no substituído, salvo se o despacho de delegação ou subdelegação ou o que determina a substituição expressamente dispuser em contrário.

ARTIGO 29.º
Exercício da delegação

1 — A delegação de competências envolve o poder de subdelegar, salvo quando a lei ou o delegante disponham em contrário.

2 — As delegações e subdelegações de competências são revogáveis a todo o tempo e, salvo os casos de falta ou impedimento temporário, caducam com a mudança do delegante ou subdelegante e do delegado ou subdelegado.

3 — As delegações e subdelegações de competências não prejudicam, em caso algum, o direito de avocação ou de direcção e o poder de revogar os actos praticados.

4 — A entidade delegada ou subdelegada deverá sempre mencionar essa qualidade nos actos que pratique por delegação ou subdelegação.

5 — O delegado não pode conhecer do recurso hierárquico dos actos por si praticados no âmbito da delegação, interposto para o delegante, sendo nulos os actos de decisão de tais recursos praticados pelo delegado.

6 — Os despachos de delegação ou subdelegação deverão especificar as matérias ou poderes neles abrangidos.

7 — Quando se trate de poderes da competência originária de entidades de cujos actos caiba recurso contencioso, os despachos de delegação ou subdelegação serão sempre publicados no Diário da República.

ARTIGO 30.º
Delegação de assinatura

A delegação de assinatura da correspondência ou de expediente necessário à mera instrução dos processos é sempre possível em qualquer funcionário.

CAPÍTULO IV
Direitos e deveres

ARTIGO 31.º
Direitos

Para além dos direitos de que gozam os funcionários e agentes em geral, ao pessoal dirigente são assegurados, nos termos dos artigos seguintes:
 a) Direito à carreira;
 b) Direito à retribuição.

ARTIGO 32.º
Direito à carreira

1 — O tempo de serviço prestado em cargos dirigentes conta, para todos os efeitos legais, designadamente para promoção e progressão na carreira e categoria em que cada funcionário se encontrar integrado.

2 — Os funcionários nomeados para cargos dirigentes têm direito, findo o exercício de funções dirigentes nos termos previstos na presente lei:

 a) Ao provimento em categoria superior à que possuam à data da cessação do exercício de funções dirigentes, a atribuir em função do número de anos de exercício continuado nestas funções, agrupados de harmonia com os módulos de promoção na carreira e em escalão a determinar, nos termos do artigo 19.º do Decreto-Lei n.º 353-A/89, de 16 de Outubro;

 b) Ao regresso ao lugar de origem, caso não estejam em condições de beneficiar do disposto na alínea anterior.

3 — A aplicação do disposto na alínea *a)* do número anterior aos funcionários oriundos de carreiras ou corpos especiais depende da verificação dos requisitos especiais de acesso previstos nas respectivas leis reguladoras, bem como das habilitações literárias exigidas.

4 — Para efeitos do cômputo do tempo de serviço estabelecido no n.º 2, releva também o prestado em regime de substituição.

5 — O disposto no n.º 2 não prejudica o direito de os funcionários que exerçam funções dirigentes se candidatarem aos concursos de acesso, caso em que o provimento respectivo é determinante para efeitos da alínea *a)* do n.º 2.

6 — São criados nos quadros de pessoal dos serviços ou organismos de origem, se noutro não for acordado, os lugares necessários à execução do disposto na alínea *a*) do n.º 2, os quais serão extintos à medida que vagarem.

7 — O disposto no número anterior pode ter lugar, a requerimento do interessado, independentemente da cessação do exercício de funções dirigentes, quando se trate da categoria mais elevada da carreira.

8 — A alteração dos quadros prevista no n.º 5 será feita por portaria do membro do Governo competente e do que tiver a seu cargo a Administração Pública, a publicar na 2.ª série do Diário da República.

9 — Os funcionários que beneficiem do disposto na alínea *a*) do n.º 2 do presente artigo têm direito à remuneração pela nova categoria e escalão desde a data da cessação do exercício de funções dirigentes.

10 — No caso da cessação da comissão de serviço nos termos da primeira parte da alínea *b*) do n.º 1 do artigo 20.º, os dirigentes têm direito, desde que contem pelo menos 12 meses seguidos de exercício do respectivo cargo, a uma indemnização de montante igual à diferença entre a remuneração do cargo dirigente cessante e a remuneração da respectiva categoria calculada em função do tempo que faltar para o termo da comissão, a qual não pode ultrapassar a diferença anual das remunerações, nelas se incluindo os subsídios de férias e de Natal.

11 — O direito à indemnização prevista no número anterior só é reconhecido nos casos em que à cessação da comissão de serviço não se siga imediatamente novo exercício de funções dirigentes de nível igual ou superior.

12 — O exercício de funções dirigentes no período a que se reporta a indemnização determina a obrigatoriedade da reposição da importância correspondente à diferença entre o número de meses a que respeite a indemnização percebida e o número de meses que mediar até à nova nomeação.

ARTIGO 33.º
Regime remuneratório excepcional

1 — Os directores-gerais que exerçam as correspondentes funções por período igual ou superior a 12 anos, seguidos ou interpolados, têm direito a optar, uma vez cessadas aquelas funções e enquanto permanecerem no serviço activo na Administração Pública, por uma remuneração correspondente a 90% da remuneração que auferiam pelo exercício do referido cargo.

2 — Os directores-gerais que reúnam as condições previstas no número anterior e que não sejam vinculados à função pública poderão optar, no prazo de um ano a contar da cessação da respectiva comissão de serviço, pelo ingresso na função pública na situação de supranumerário, sendo-lhes atribuída uma remuneração correspondente a 90% da remuneração que auferiam pelo exercício do referido cargo.

3 — Releva para efeitos do disposto no número anterior o tempo de serviço prestado até à data da entrada em vigor da presente lei.

ARTIGO 34.º
Remunerações

1 — A remuneração base do pessoal dirigente é estabelecida em diploma próprio, o qual poderá fixar níveis diferenciados de remuneração para cada cargo, de harmonia com os critérios nele consignados.

2 — Ao pessoal dirigente podem ser abonadas despesas de representação em montante a fixar por despacho conjunto do Primeiro-Ministro, do Ministro das Finanças e do membro do Governo que tiver a seu cargo a Administração Pública.

ARTIGO 35.º
Formação profissional

1 — A Administração, através dos seus departamentos competentes na matéria, privilegiará a realização de acções de formação e aperfeiçoamento profissional que visem:

a) A preparação dos seus quadros técnicos superiores e técnicos para o exercício de funções de direcção;

b) A permanente actualização dos seus quadros dirigentes no domínio das técnicas de gestão que influenciem mais directamente a rentabilidade e produtividade dos serviços.

2 — Os mesmos departamentos organizarão periodicamente congressos, seminários, colóquios e palestras destinados a quadros dirigentes que visem:

a) A análise e debate de temas de âmbito nacional e internacional de interesse para a Administração;

b) A divulgação e estudo de temas de actualização sobre ciências da Administração e técnicas de gestão que possam contribuir para o aumento da eficiência e eficácia dos serviços públicos;

c) A troca de experiências entre administrações públicas, mormente as comunitárias, ou entre os diversos departamentos da Administração Pública Portuguesa.

3 — A frequência de acções de formação que vierem a ser efectuadas não constituem requisitos de provimento dos cargos dirigentes, podendo, contudo, actuar como condição de preferência.

ARTIGO 36.º
Deveres

Para além dos deveres gerais dos funcionários e agentes, o pessoal dirigente será sujeito aos seguintes deveres específicos:

a) Dever de assegurar a orientação geral do serviço e de definir a estratégia da sua actuação de acordo com as orientações contidas no Programa do Governo e na lei e de harmonia com as determinações recebidas do respectivo membro do Governo;

b) Dever de assegurar a eficiência e eficácia da unidade orgânica que dirige;

c) Dever de manter informado o Governo, através da via hierárquica competente, sobre todas as questões relevantes referentes aos serviços;

d) Dever de assegurar a conformidade dos actos praticados pelos seus subordinados com o estatuído na lei e com os legítimos interesses dos cidadãos.

CAPÍTULO V
Disposições finais e transitórias

ARTIGO 37.º
Encarregados de missão

1 — A prossecução de objectivos de administração de missão pode ser cometida ao pessoal dirigente, bem como a outros altos funcionários e cidadãos de reconhecido mérito, a nomear pelo Conselho de Ministros, mediante resolução, para o desempenho de funções de encarregados de missão junto dos membros do Governo interessados, devendo no acto de nomeação ser fixada a correspondente remuneração, o objectivo e o prazo para a execução da missão.

2 — Para efeitos do disposto no número anterior, o exercício de tais funções pode ser dado por findo, em qualquer momento, pelo membro do Governo junto do qual são prestadas.

ARTIGO 38.º
Prevalência

1 — A presente lei prevalece sobre quaisquer disposições gerais ou especiais relativas aos diversos serviços e organismos.

2 — Os regimes de recrutamento e provimento definidos nesta lei não se aplicam aos cargos dirigentes do Ministério dos Negócios Estrangeiros que,

por força de disposição legal própria, tenham de ser providos por pessoal da carreira diplomática.

ARTIGO 39.º
Normas transitórias

1 — As equiparações de cargos dirigentes feitas antes da entrada em vigor da presente lei consideram-se eficazes para efeitos do disposto no artigo 2.º

2 — O pessoal de direcção a quem, por força do disposto no artigo 12.º do Decreto-Lei n.º 191-F/79, de 26 de Junho, tenha sido assegurado o direito ao provimento definitivo em categorias da carreira técnica superior, previstas no mapa anexo ao mesmo diploma, mantém os referidos direitos nos termos em que estes se encontram regulamentados na referida disposição legal, podendo, desde logo, ser criado o respectivo lugar, independentemente da cessação da comissão de serviço.

3 — Até à publicação das portarias de criação dos respectivos lugares de transição, os funcionários devem ser abonados dos vencimentos da categoria a que têm direito, por conta das disponibilidades existentes nas dotações orçamentais que vêm suportando o pagamento do pessoal do serviço e organismo onde as funções dirigentes vinham sendo desempenhadas.

4 — Mantêm-se em vigor os critérios fixados na Resolução n.º 354-B/79, de 18 de Dezembro, para efeitos da eventual equiparação de cargos dirigentes existentes em 1 de Julho de 1979, com vista à transição a que se reportam os artigos 12.º a 14.º do Decreto-Lei n.º 191-F/79, de 26 de Junho.

5 — A entrada em vigor da presente lei não prejudica as comissões de serviço de pessoal dirigente existentes à data da sua entrada em vigor, nem a contagem dos respectivos prazos.

6 — Mantém-se transitoriamente em vigor o disposto no artigo 9.º do Decreto-Lei n.º 180/80, de 3 de Junho, sobre o provimento dos lugares de director de serviços administrativos, até à fixação legal dos princípios referentes à departamentalização dos serviços dessa natureza.

7 — A duração máxima estabelecida para a gestão corrente e para a substituição aplica-se às situações já constituídas, iniciando-se a contagem do prazo na data da entrada em vigor desta lei.

8 — O disposto nos artigos 18.º, n.º 1, segunda parte, e 20.º, n.º 1, alínea *b*), segunda parte, apenas se aplica aos cargos de director de serviços, chefe de divisão ou equiparados que neles tenham sido providos precedendo aprovação em concurso.

9 — Se da aplicação da alínea *a*) do n.º 2 do artigo 32.º da presente lei resultasse tratamento mais favorável, podem os interessados requerer a reapreciação da respectiva situação, no prazo de 60 dias após a entrada em vigor da presente lei, sob pena de caducidade do seu direito.

ARTIGO 40.º
Revogação

São revogados, relativamente aos serviços e organismos abrangidos pelo âmbito de aplicação estabelecido no n.º 1 do artigo 1.º da presente lei:
  a) O Decreto-Lei n.º 323/89, de 26 de Setembro;
  b) O Decreto-Lei n.º 34/93, de 13 de Fevereiro, com excepção do artigo 3.º;
  c) O Decreto-Lei n.º 239/94, de 22 de Setembro;
  d) A Lei n.º 13/97, de 23 de Maio;
  e) O Decreto-Lei n.º 231/97, de 3 de Setembro.

ARTIGO 41.º
Entrada em vigor

1 — A presente lei entra em vigor no dia 1 do mês seguinte ao da sua publicação.

2 — A presente lei não se aplica aos concursos que já tenham tido início à data da sua entrada em vigor.

Aprovada em 8 de Abril de 1999.

O Presidente da Assembleia da República, *António de Almeida Santos.*

Promulgada em 14 de Maio de 1999.

Publique-se.

O Presidente da República, Jorge Sampaio.

Referendada em 17 de Maio de 1999.

O Primeiro-Ministro, *António Manuel de Oliveira Guterres.*

ANEXO

MAPA I
Pessoal dirigente — Descrição de funções

Cargos	Descrição genérica da função
Director-geral	Gere as actividades de uma direcção-geral, na linha geral da política global definida pelo Governo. Participa na elaboração das políticas governamentais na parte correspondente ao sector a seu cargo, criando e canalizando as informações para a sua definição, e dirige, organiza e coordena, de modo eficaz e eficiente, os meios para a respectiva execução. Controla os resultados sectoriais, responsabilizando-se pela sua produção de forma adequada aos objectivos prosseguidos. Assegura a representação da direcção-geral e suas ligações externas. Gere e administra os recursos humanos e materiais da direcção-geral.
Subdirector-geral	Substitui o director-geral nas suas ausências ou impedimentos. Actua no exercício de actividades delegadas ou subdelegadas pelo director-geral ou de competências próprias expressamente cometidas pelo diploma orgânico da direcção-geral. Colabora na execução das políticas governamentais afectas às actividades ou sectores de actividade sob sua responsabilidade. Coordena actividades internas ou sectores de actividade da direcção-geral, responsabilizando-se, ao seu nível, pela obtenção de resultados conjuntos das actividades coordenadas.
Director de serviços	Dirige as actividades de uma direcção de serviços definindo objectivos de actuação da mesma, tendo em conta os objectivos gerais estabelecidos. Controla o cumprimento dos planos de actividades, os resultados obtidos e a eficiência dos serviços dependentes. Assegura a administração e a gestão dos recursos humanos e materiais que lhe estão afectos, promovendo o melhor aproveitamento e desenvolvimento dos mesmos, tendo em conta os objectivos e actividades dos serviços dependentes.
Chefe de divisão	Dirige o pessoal integrado numa divisão, para o que distribui, orienta e controla a execução dos trabalhos dos subordinados. Organiza as actividades da divisão, de acordo com o plano definido para o organismo, e procede à avaliação dos resultados alcançados. Promove a qualificação do pessoal da divisão. Elabora pareceres e informações sobre assuntos da competência da divisão a seu cargo.

MAPA II
Pessoal dirigente — Competências próprias

Cargo	Área	Competências
Director-geral	Gestão geral	1 — Assegurar a orientação geral do serviço e definir a estratégia da sua actuação de acordo com as orientações contidas no Programa do Governo e na lei, e de harmonia com as determinações recebidas do respectivo membro do Governo, com vista a assegurar o seu cumprimento. 2 — Propor ao Governo as medidas que considere mais aconselháveis para se alcançarem os objectivos e as metas consagrados nos documentos e determinações antes mencionados. 3 — Elaborar e submeter à aprovação do membro do Governo os planos anuais ou plurianuais de actividades, bem como os respectivos relatórios de execução, propor as formas de financiamento mais adequadas e definir e implementar o programa de desenvolvimento do serviço, avaliando-o e corrigindo-o em função dos indicadores de gestão recolhidos. 4 — Submeter à apreciação superior os projectos de orçamento de funcionamento e investimento, no respeito pelas orientações e objectivos estabelecidos no Programa do Governo e nos planos de actividades. 5 — Representar o Governo em quaisquer actos para que seja designado e praticar todos os actos preparatórios das decisões finais cuja competência caiba ao membro do Governo. 6 — Praticar todos os actos que, não envolvendo juízos de oportunidade e conveniência, não possam deixar de ser praticados uma vez verificados os pressupostos de facto que condicionam a respectiva legalidade. 7 — Gerir os meios humanos, financeiros e de equipamento da direcção-geral e a sua comparticipação em programas e projectos em que a mesma seja interveniente. 8 — Estabelecer as relações horizontais ao seu nível com outros serviços e organismos da Administração Pública e com outras entidades congéneres, nacionais, internacionais e estrangeiras.

Legislação Básica de Apoio

Cargo	Área	Competências
Director-geral	Gestão dos recursos humanos	9 — Elaborar e executar o plano de gestão previsional de pessoal, bem como o correspondente plano de formação, e afectar o pessoal aos diversos departamentos dos serviços ou organismos em função dos objectivos e prioridades fixados nos respectivos planos de actividade. 10 — Autorizar a abertura de concursos e praticar todos os actos subsequentes, nomear, promover e exonerar o pessoal do quadro, determinar a conversão da nomeação provisória em definitiva e autorizar que seja mantida a nomeação definitiva enquanto o funcionário não a adquirir noutro cargo que exerça em regime precário, bem como autorizar destacamentos, requisições, transferências, permutas e comissões de serviço. 11 — Celebrar, prorrogar, renovar e rescindir contratos de pessoal, praticando os actos resultantes da caducidade ou revogação dos mesmos. 12 — Autorizar o exercício de funções a tempo parcial e a prestação de horas extraordinárias, bem como adoptar os horários de trabalho mais adequados ao funcionamento do serviço, observados os condicionalismos legais. 13 — Empossar o pessoal e autorizar os funcionários e agentes a tomarem posse em local diferente daquele em que foram colocados, prorrogar o respectivo prazo, solicitar que aquela seja conferida pela autoridade administrativa ou por agente diplomático ou consular e conceder aos funcionários e agentes dos serviços externos o direito ao vencimento a partir da data da posse, independentemente da entrada em exercício das novas funções. 14 — Justificar ou injustificar faltas, conceder licenças por período superior a 30 dias, com excepção da licença sem vencimento por um ano por motivo de interesse público e da licença ilimitada, bem como autorizar o regresso à actividade. 15 — Autorizar o gozo e a acumulação de férias e aprovar o respectivo plano anual. 16 — Autorizar o abono do vencimento de exercício perdido por motivo de doença, bem como o exercício de funções em situação que dê lugar à reversão do vencimento do exercício e o respectivo processamento. 17 — Autorizar a atribuição dos abonos e regalias a que os funcionários ou agentes tenham direito, nos termos da lei. 18 — Autorizar a inscrição e participação de funcionários em estágios, congressos, reuniões, seminários, colóquios, cursos de formação ou outras iniciativas semelhantes que decorram em território nacional. 19 — Propor ao membro do Governo a designação do subdirector-geral substituto nas suas faltas e impedimentos. 20 — Praticar todos os actos relativos à aposentação dos funcionários e agentes, salvo no caso de aposentação compulsiva, e, em geral, todos os actos respeitantes ao regime de segurança social da função pública, incluindo os referentes a acidentes em serviço. 21 — Celebrar contratos com entidades nacionais ou estrangeiras, desde que constem de programas de actividades previamente aprovados pelo membro do Governo competente, em ordem à realização de estudos, inquéritos e outros trabalhos de carácter técnico eventual relacionados com as atribuições dos serviços e que não possam ser assegurados pelo respectivo pessoal. 22 — Praticar os actos constantes dos n.os 41 a 45, quando respeitantes a funcionários de categoria igual ou superior a chefe de divisão.
	Gestão orçamental e realização de despesa.	23 — Gerir o orçamento e propor as alterações orçamentais julgadas adequadas, tendo em vista os objectivos a atingir. 24 — Gerir o orçamento cambial, autorizando despesas, inclusive em moeda estrangeira, até ao limite legalmente estabelecido. 25 — Autorizar, dentro dos limites estabelecidos pelo respectivo orçamento anual, transferências de verbas subordinadas à mesma classificação orgânica e a antecipação até dois duodécimos por rubrica, com limites anualmente fixados pelo Ministério das Finanças, não podendo em caso algum essas autorizações servir de fundamento a pedido de reforço do respectivo orçamento. 26 — Autorizar a constituição de fundos permanentes das dotações do respectivo orçamento, com excepção das rubricas referentes a pessoal, até ao limite de um duodécimo. 27 — Celebrar contratos de seguro e de arrendamento nos termos legais e autorizar a respectiva actualização, sempre que resulte de imposição legal. 28 — Autorizar a prestação de serviços e a venda de produtos próprios, fixando os respectivos preços. 29 — Autorizar deslocações em serviço, qualquer que seja o meio de transporte, bem como o processamento dos correspondentes abonos ou despesas com a aquisição de bilhetes ou títulos de transporte e de ajudas de custo, antecipadas ou não. 30 — Autorizar despesas com obras e aquisição de bens e serviços, com ou sem dispensa da realização de concursos, públicos ou limitados, e a celebração de contrato escrito, dentro dos limites a fixar em diploma regulamentar. 31 — Autorizar as despesas resultantes de indemnizações a terceiros ou da recuperação de bens afectos ao serviço, danificados por acidentes com intervenção de terceiros, dentro de limites a fixar nos termos do número anterior. 32 — Autorizar despesas eventuais de representação dos serviços, bem como as de carácter excepcional, dentro dos limites a fixar nos termos dos números anteriores.

Cargo	Área	Competências
Director-geral	Gestão orçamental e realização de despesa.	33 — Qualificar como acidente em serviço os sofridos por funcionários e agentes e autorizar o processamento das respectivas despesas, até aos limites a fixar nos termos dos números anteriores. 34 — Praticar todos os actos subsequentes à autorização de despesas, quando esta seja da competência do membro do Governo. 35 — Autorizar o processamento de despesas cujas facturas, por motivo justificado, dêem entrada nos serviços para além do prazo regulamentar. 36 — Superintender na utilização racional das instalações afectas ao respectivo serviço, bem como na sua manutenção e conservação. 37 — Propor ao membro do Governo competente as medidas de correcção necessárias à instalação dos respectivos serviços em tudo que não tenha competência própria ou delegada, sempre que se verifiquem situações de deterioração, insuficiência de espaço ou irracionalidade da situação.
	Gestão de instalações e equipamento.	38 — Velar pela existência de condições de higiene e segurança no trabalho. 39 — Gerir de forma eficaz e eficiente a utilização, manutenção e conservação dos equipamentos afectos ao respectivo serviço. 40 — Elaborar e executar planos anuais e plurianuais de reequipamento em função das necessidades previstas e da evolução tecnológica, bem como autorizar as aquisições resultantes da sua execução. 41 — Conceder licenças por período até 30 dias. 42 — Autorizar o início das férias e o seu gozo interpolado, bem como a sua acumulação parcial por interesse do serviço, de acordo com o mapa de férias superiormente aprovado. 43 — Justificar faltas.
Director de serviços e chefe de divisão.	Gestão da unidade orgânica	44 — Afectar o pessoal na área dos respectivos departamentos. 45 — Autorizar os funcionários e agentes a comparecer em juízo, quando requisitados nos termos da lei de processo. 46 — Autorizar a passagem de certidões de documentos arquivados na respectiva unidade orgânica, excepto quando contenham matéria confidencial ou reservada, bem como a restituição de documentos aos interessados.

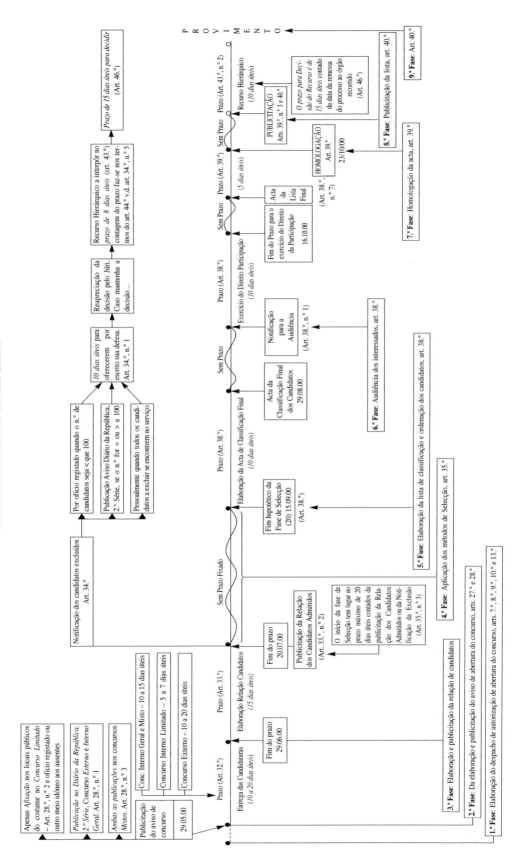

FLUXOGRAMA DO PROCESSO DE CONCURSO EXTERNO

ÍNDICE GERAL

Prefácio 5
Introdução 7

I. A Administração Pública e a Relação Jurídica de Emprego Público   9

II. Recrutamento e Selecção de Pessoal na Administração Pública sua Base Constitucional 15

III. O Decreto-Lei n.º 204/98, de 11 de Julho. Regime Jurídico de Recrutamento e Selecção de Pessoal para os Quadros da Administração Pública 19

IV. O Procedimento Administrativo do Concurso de Pessoal na Função Pública e a Audiência dos Interessados Fases do Processo do Concurso 39

V. O Processo de Concurso na Administração Local. Especificidades.   93

VI. Processo de Concurso de Pessoal na Administração Regional dos Açores. Especificidades 97

VII. Processo de Concurso de Pessoal na Administração Regional da Madeira. Especificidades 101

VIII. Recrutamento e Selecção do Pessoal Dirigente da nossa Administração Pública 103

LEGISLAÇÃO BÁSICA DE APOIO

Presidência do Conselho de Ministros. Decreto-Lei n.º 204/98 – de 11 de Julho 111

Decreto-Lei n.º 238/99 – de 25 de Junho 133

Decreto Legislativo Regional n.º 27/99/A – de 31 de Julho 137

Decreto Legislativo Regional n.º 14/89/M – de 6 de Junho 141

Resolução n.º 1014/98 – (in Jornal Oficial da Região Autónoma da Madeira, 1.ª série n.º 53, de 11 de Agosto de 1998)................................ 143

Presidência do Conselho de Ministros. Gabinete do Primeiro-Ministro. Direcção-Geral da Administração Pública... 145

Lei n.º 49/99 – de 22 de Junho.. 147